波乗り理事長の
保育園改革

寿台順章
JUDAI JUNSHO

JN027591

幻冬舎MC

波乗り理事長の保育園改革

はじめに

　今、保育業界では労働環境の悪化やそれによる働き手の不足といった問題が顕在化し、業界が全体的に困窮し始めています。

　２０１９年10月に、政府による幼児教育・保育の無償化がスタートし、より保育園を利用しやすくなりました。共働き世帯の増加に伴って保育園需要は年々増加し、近年急激に保育園の数も増えています。厚生労働省によれば、その数は２０１２年と比較して１・５倍以上にも上ります。

　こうした保育施設増加に伴って、ある問題が副次的に発生しています。それは人材不足です。２０２１年４月の保育士の有効求人倍率は２・92倍となり、業界内での人材獲得合戦は熾烈を極めています。保育施設をいくら増やしても働き手の確保ができなければ機能しません。実際に、保育士が集まらずに閉園に追い込まれる保育園もすでに出始めています。

このような状況下において保育園経営者たちは、保育士から選ばれる施設づくりを行っていかなければなりません。しかし、待遇や職場環境の改善という改革にあたり立ちはだかるのが、保守的な保育の世界ならではの壁です。保育業界には昔から、子どものためという大義名分のもと、自分を犠牲にしてでも働くべきという〝暗黙の了解〟が存在してきました。園児たちがいる間はひたすら子どもに尽くし、園児たちが帰った後も事務仕事や会議などを残業で行うのが一般化しており、労働環境は決していいとはいえません。

現在、多くの保育園は法が定める下限ぎりぎりの人数で運営されているのが実情です。少ない人数で運営すれば現場が疲弊して離職者が増加し、さらなる人材不足に陥るという悪循環に陥りかねません。

人材不足解消のめどが立たず現場の疲弊が進む一方で、今後も保育園の数が増えていけば、閉園する保育園が続出して淘汰の時代に突入するのは明らかです。

かくいう私は、お寺である実家で営む保育園を昔から見ていました。お寺を継ぐために仏教系の大学へ進学した後も、疲弊しきった保育士たちの表情がずっと頭にこびりついており、自分はもっと楽しく生きたい、やりたいことに人生を捧げたい、そんなことばかり考えていました。

そして私は、必ず家業を継ぐという約束で両親を説得し大学を中退、友人たちとサーフィンに打ち込み、アルバイトをしながら毎日海に浸かる生活をしました。また、広い世界をこの目で見ようと石垣島へ移住したり、インドやタイをバックパッカーとして回ったりと、好奇心の赴くままに行動しました。

2年間をそんな生活に費やした頃、母の病気をきっかけに私は家業を継ぐ覚悟を固め、仏教と保育を学びなおしてから2006年に実家が営む保育園に入職したのです。

入職後にいちばん衝撃を受けたのが、保育士たちの表情が昔と変わらず暗いままであることでした。あれから何年も経っているのに、旧態依然とした体制のもとで人手不足にあえぎ、そのしわ寄せを受けるスタッフたちが暗い目つきで働く現場の惨状に戦慄しました。

自分が継ぐ法人の内情が、このままでいいはずがない。

そう強く感じた私は改革を決意し、保育業界の悪しき常識をぶち破ってやろうと考えました。


そこで打ち出したのが、保育士ファーストという考え方です。

保育園の主役は園児ではなく保育士である。

保育士は自分が成長するために働けばいい。


そう宣言し、実際にシフト制の徹底と、残業および無駄な会議の廃止、公休の新設、有給休暇の取得推進など、数々の改革を行いました。

するとすぐ、多くの業界人から子どもをないがしろにしているとまゆを顰められました。

しかし当然のことながら、保育士ファーストは子どもをないがしろにしていいという話ではありません。保育園を魅力的な場にするには、まずそこで働く大人たちが輝いていなければならない。保育士が仕事を楽しみ笑顔で過ごしていなければ、園児たちにポジティブな影響を与えられるはずがないというのが私の持論です。

また採用については、さまざまな事情で保育から離れていた潜在保育士たちの中途採用を積極的に行い、古株が形成した派閥に新人が飲み込まれるような風潮の打破を試みました。

これらは、従来の保育業界の常識からするといずれも型破りなやり方です。何かしようとするたびに反対勢力が現れ抵抗を受けましたが、そのように変化のないところに波風を立てることによってそれを革新の原動力としてきました。

仲間たちはいずれも保育士ファーストという私の思想に共鳴し、業界を変えようと集まってくれています。徹底した改革の成果は次第に表れ、採用活動で苦労することがなくなりました。そして人材が確保できるようになったおかげで、10年間で6つの園と1つのアフタースクールを新設し事業を拡大することができました。現在はどの園でも常に保育士を十分に確保し、定員も上限で推移しています。

そんな私についたあだ名は、「波乗り理事長」。趣味であるサーフィンにかかっていて、とても気に入っています。

保育に限ったことではありませんが、誰もが自分のやりたいことを定めて、そのために働く職場はおのずといきいきとして人が集まるものです。

本書では、保育士ファーストによる職場改善の具体的な方法や、事業拡大のノウハウ、人材獲得戦略といった経営手法について明らかにします。また、私こと波乗り理事長が業界の常識という荒波をどう乗りこなし、保育士、園児とその親から選ばれる個性的で唯一無二の保育園をいかにしてつくり上げたのかを記しています。

仕事に悩み、何かに挑戦したい人、何かを変えなければいけないと思う人たちに少しでも勇気を届けられたなら、それ以上の喜びはありません。

目次

第2章

子どものために身を粉にして働くなんてもう古い！
保育士ファーストを貫く型破りな働き方改革

第3章

保育業界の常識なんていっさい気にしない！
誰の意見も聞かず行った型破りな事業拡大

第4章

保育士が足りなければ他の業界から引き抜けばいい！

現役のアスリートをスカウトする型破りな雇用

第5章

どんな荒波も乗りこなし、閉鎖的な保育業界に風穴を開ける

第 1 章

保育業界が抱える問題にサーファーが挑む！

すべてが型破り、“波乗り理事長”の誕生

保育の世界に飛び込んで抱いた違和感

私は現在、保育園を運営する社会福祉法人の理事長を務めています。２００８年の就任以来、業界的には型破りと言われるさまざまな改革を行ってきました。現在では既存の保育園改革を始め、法人の拡大を続け、新たに認定こども園１園、保育園７園を開園し運営するようになっています。

型破りな理事長、波乗り理事長とも言われている私のプロフィールは多少複雑で、実家が寺を営んでいて僧侶でもありますが、今は保育園を運営する社会福祉法人の理事長であり、若い頃からサーフィンをこよなく愛する者です。こんな私がなぜ保育園の理事長を務めているかと言えば、父親が理事長を務めていた社会福祉法人を幼い頃から見ていて、子どもの頃から保育園や幼稚園で働きたいと考えており、そして経営者になりたいと思っていたからです。

しかし、実際に入ってみるとそこは驚きの世界でした。私の入職時の肩書は副園長兼事務長で、実態としてはほとんどやることがありませんでした。幼稚園でも保育園でも担任をもたせてはもらえなかったため現場に入ることもなく、事務長としても、父と祖母に決定権が集中していたので運営に携わることはできません。私なりにアイデアや意見を出しても採用されることはなく、ただやる気だけが空回りしている状態でした。

それでも私は、なんとか父と祖母を動かそうと必死に意見を伝え続けました。明らかな運営上の問題点があったからです。

私が最も問題と感じたのは、職員の間で派閥争いが常態化していたことでした。15年、20年と長きにわたって園で働きいわゆる「お局様」となっているベテラン職員を筆頭にいくつかの派閥が生まれ、若い職員たちは派閥の動向や自分が奉公するお局様の顔色ばかりをうかがいながら仕事をしていました。

幼稚園や保育園で職員が相手をするのは子どもであり、親ではありません。子どもたちが職員を評価したり、クレームをつけたりすることはないので、結果として子どもよりも上司や同僚のほうばかりを向いて、派閥内部でポジションを守るのに全力を尽くすようになります。

父が運営する2園も、お局様の言うことは絶対で、誰もがその顔色ばかりうかがい、休みを取るのも年功序列で、若い職員ほどこき使われるひどい状況でした。

本来であれば、理事長を含む経営陣がお局様を野放しにせず、派閥の解体に動くべきでしたが、父や祖母は保守的で、従来のやり方を変えるのを好みませんでした。特に大きな問題は起きず、園が回っているのだからそれでいいだろうというわけです。

園でなにか一つイベントをやる際にも、「去年はどうだったか」からすべての議論が始まります。職員会議でこれまでにない新しい意見が出ても、できない理由ばかり並べていっさい受け付けようとしません。曲がりなりにも副園長である私のもとには、ごくまれにイベントについての前向きな提案や改善案などについて相談をもちかけてくる職員もいました。しかし私が父と祖母にいくら直談判しても、許可をもらうことはできませんでした。父や祖母からすれば、自分たちのやり方で何十年も園を運営し、ここまでやってきたという自負があります。24歳の若さで、しかも園にやってきたばかりの私の言葉が響かないのは、ある意味で当然だったと思います。

ただ、だからといって私も引くわけにはいきませんでした。職員が派閥争いに終始し、経営陣も見て見ぬふりをしてきた結果、もはや組織として崩壊寸前まできていると思えるほどだったのです。次になにかトラブルがあれば園が立ち行かなくなるという危機感すらあり、一刻も早く改善しなければこの法人には未来がないと私は考えていました。

閉鎖的な環境の中で変わることを拒む既得権益

派閥争いや旧態依然とした運営といった問題は、多くの園が抱えているもので、背景には構造的な原因が潜んでいます。

幼児保育には正解がありません。医療なら患者を治療する、塾なら成績を上げると明確な目標を立てられます。しかし、幼児保育はそれが難しいジャンルです。国が設けた保育指針はあくまで方向性を示すものに過ぎず、現場での動きを細かく規定するマニュアルとは違います。

幼稚園や保育園では、各園が国の指針を参考にしつつ独自に保育内容を決め、実践しています。自らの園のやり方が正しいかどうか判断する基準もなく、一度方針や保育内容を決めたら何か問題が起きない限りはずっと変えずにやっていくところがほとんどです。

日本の幼児保育を担ってきたのは宗教法人や社会福祉法人であり、これらの多くはいわゆる家業として事業を継続しています。幼稚園や保育園の運営元も理事長は父、副理事長は母、園長は息子や娘といった家族経営が圧倒的多数を占めています。現在では自治体によっては一般企業も幼児保育の世界に参入してきているものの、シェアは高くありません。

正解がないなかでそれぞれの園が独自の価値観で運営されていることと、家族経営がほとんどである事実が結びつくと、生まれるのは閉鎖的な環境です。トップは自らの園のやり方しか知らず、経営陣の交代などの新陳代謝も起きづらいため、どんどん閉鎖的になっていきます。

国からの認可で、いわば独占的に事業を運営している社会福祉法人や宗教法人の一族たちは、これまではその利権さえ守れればずっと安定した収入を得ることができたので、無理になにかを変える必要がなかったわけです。このような環境では、「変わらないこと」

が最も重要視されます。いかに今までと同じやり方をするかの議論ばかり行われ、新たな物事にチャレンジする姿勢が失われます。

大人たちの反目で一番の犠牲になるのは子どもたち

理念や思い、子どもへの愛情など、組織として変えてはならない部分はもちろん存在するのですが、一方で世の中は目まぐるしく変化し、少子高齢化が進行して、子どもと家族を巡る状況も昭和の時代とはまるで違うわけですから、園の運営においても時代の変化に合わせて変わらねばならない点も出てきます。

そんな世の中の動きをまったく顧みず、昭和の時代に築かれた価値観に固執し、変化を拒んでいるという実態が、保育業界が抱える最も大きな問題です。

そして働く職員もまた、保守性に染まっていきます。私が入職した頃の園の実情が典型的で、勤続10年、15年のお局様が何人かいて園を仕切り、時々採用される新人保育士たちに自らの園のやり方を教え込んでいきます。また、運営する一族の中でいざこざが起きたりお局様が対立したりすると、そこに派閥が生まれて同僚同士で反目しあう原因となります。

このような環境の最たる被害者は子どもたちです。大人たちが反目しあい、常に互いの顔色ばかりうかがいながら子どもたちと接しているような状態が、心の発育にいいはずがありません。

だからこそ私は、そうした悪しき風習や古い常識といった壁と戦い、ぶち破ろうと思ったのです。子どもたちはもちろん、そこで働く大人たちもいきいきと過ごせるような園を作るのを自らの使命だと定めました。

周りから何を言われようとも私は気になりませんでした。私にあるのは、必要な改革を最短距離で進めていくという決意だけです。私の存在など取るに足らないちっぽけなものですが、人生も短いし保育園改革は待ったなしだと思ったのです。

波乗り理事長、誕生

私は、もう自分がやるしかないのだと腹をくくり、理事長をやらせてほしいと提案すると、父はかなり驚いた様子でした。私が自分の胸の内だけで決めた話ですから、父にとってはまさに寝耳に水だったはずで、最初は真っ向から否定されました。入職して２年後に世代交代を迫るなどいくら跡取りとはいえ言語道断というわけで、父からすれば自然な反応です。しかし私も本気で園のことを考えて言い出したことであり、すぐに諦めるくらいなら初めからこんな提案などしません。

社会福祉法人の理事長になるには、理事会で半数以上の承認が必要です。しかし、投票権をもつ理事たちを選んだのは父であり、いわば父と近しい人々で理事会が構成されているわけですから、当然のことながら簡単にはいきません。

私は理事たちに現場の状況や問題点を必死に伝え、なんとか自分に投票してもらうようにお願いしたのですが、なかなか聞き入れてはもらえず、そのまま理事会当日を迎えてしまいました。

理事会に出席したのは6人のうち4人で、来られない2人は理事長に投票を委任していました。どう考えても勝ち目はないように思えました。投票の結果、3人の理事は明確に反対を表明し、ただ1人だけが中立という立場を取りました。

もはや結果は明らかです。私ががっくりと肩を落とした瞬間、父から思いもよらぬ言葉が飛び出しました。父は理事会の面々に反対を促していたのですが、それは責任が彼らに及ばないためだったと打ち明け、自身の考えとしては私に一度任せてみてもいいと思うと言い出したのです。

父に委任された2票と、中立として浮いた1票を賛成に回せば、賛成3、反対3で同数となります。同数の場合には、現理事長の意見が採用されるのが通例です。父はおもむろに一同へ向けて頭を下げると、新たな理事長の誕生を告げ、若く未熟な理事長をどうか支えてほしいと述べたのでした。あまりの展開にまったく頭が追い付いていなかった私は父の背中をぼんやりと眺めながら、ようやく現実が飲み込めてきたという感じでした。

このとき私は26歳、のちに「波乗り理事長」と呼ばれることになる新理事長が誕生したのでした。

寺の跡取りとして生まれて

国家資格を保有する保育士であり、５００年以上の歴史をもつ寺の僧侶であり、社会福祉法人の理事長を務め、そして海を愛するサーファーでもある――。

私のこのような自己紹介を読むと、いったい何をしている人物なのかと混乱してしまうと思います。

確かに一見すると脈絡のない肩書が並んでいるようですが、実はこれらは全部関連があり、すべてが1本の線となって現在の私へとつながっています。もしどれかが欠けたなら、私の愛称の「波乗り理事長」は誕生していないのです。

私は名古屋市中川区にある正雲寺の長男としてこの世に生を受けました。正雲寺は、日本中が戦乱に明け暮れた戦国時代の末期に創建されました。当時、愛知郡岩塚城主だった吉田守が世の無常を感じて出家し、正蔵坊と名乗って建立した仏堂を起源としています。名古屋市内を流れる庄内川と、その支流の新川が合流して名古屋港へと注ぐ手前の川に挟まれた地域にあり、漁業を生業とする住民の信心を集めて今日まで受け継がれてきました。

正雲寺の15代目として生まれた私は、地域に深く根を張る寺の跡取りとして常に周囲の人々に見守られ、継ぐのが当たり前という雰囲気のなかで育ちました。正雲寺には地域のお年寄りたちが毎日のようにやってきて、孫のようにかわいがってくれ、時折、父とともに地域の会合などに顔を出せば、大人たちから笑顔で迎えられてなにかとちやほやされたのを覚えています。

寺の宗派である真宗大谷派では、開祖である親鸞にならって9歳で「得度」が行え、僧侶となることができます。ちなみに得度とはいわゆる出家のことで、私もその例にもれず9歳で僧侶となりました。このような風習は歌舞伎の世界に近いものであると感じます。私はことあるごとに仏教行事に参加し、人前に出るのが当たり前というなかで幼少期を過ごしました。自分としても違和感はなく、いつかは父の跡を継いで僧侶になるものだと思っていました。

周囲の人に聞けば、私は幼少時代からやんちゃで快活、天真爛漫を絵に描いたような子どもだったといいます。現在も変わらぬこの性分は、川の堤防に囲まれた漁師町で育ったことも関係しているはずです。

私にとって、寺のすぐそばを流れる川は格好の遊び場でした。毎日のように桟橋に行き、停留された船に乗ったりして、暗くなるまで過ごしていました。

川に加えて、もう一つの遊び場が本堂の目の前にあった幼稚園と保育園です。当時は寺の敷地に２つの園があり、それぞれの庭にこっそりと忍び込んで、おもちゃや遊具などで遊んだ記憶があります。

もともと、お寺は子どもたちに読み書きやそろばんを教える教育施設という一面をもっていました。起源は室町時代後期の寺子屋にさかのぼり、この精神性を受け継ぐ形で今でも幼児教育に携わっているところが多く、全国を見回せば同じように保育園や幼稚園を営んでいる寺がごまんとあります。

人生初の挫折となった水泳

私が漁師町で過ごした若い頃を思い出すとき、水泳に打ち込んだ日々のことを外して語ることはできません。幼少期から水泳クラブに入ったのは母親の勧めでした。当時は体の弱い子どもを健康にするなら水泳がいちばんと言われており、２５００グラムとやや小さな体で生まれた私を鍛えようという親の意向で通い始めたのです。子どもの頃から泳ぐのが大好きで、次第に本格的に水泳に取り組みだし、小学３年生になると水泳のクラブチームに所属して毎日、練習をするようになりました。

そうして水のある環境で育ち、水と親しんでいたことが、のちのサーフィンへの熱中につながっているのです。当時はそんな未来など想像できず、毎日へとへとになるまで無心で泳ぎ続けていました。日々の鍛錬が実り、小学６年生のときに短距離クロールの選手として同年代のなかで全国大会でベスト16に入るレベルの成績を残すことができました。

しかし水泳というスポーツは、手足の長さや大きさが推進力に影響を及ぼすこともあり、基本的には身体が小さいほど不利になります。私も中学生になって周囲がどんどん成長していくなか、あまり身体が大きくならなかったので次第に勝てなくなっていきました。人生で初めての挫折でした。身体の大きさという自分の努力では埋められない壁を前に、私は途方に暮れました。結局、幼少期から続けた水泳は諦め、高校でサッカー部に入りました。その時の同級生から勧められたのがサーフィンです。

サーフィンと出会い、とりこになる

初めてサーフボードを抱えて海に出たのは18歳の時で、ちょうど大学に入るタイミングでした。当時は頻繁にスノーボードをしていて、それなりに滑れるようになっていましたから、サーフィンも同じようなものだろう、すぐにかっこよく波に乗れるようになると甘く考えていました。

しかし海は、そんな甘い場所ではありませんでした。

波乗り以前に、サーフィンに適した波が立つ沖までうまく出ることができません。水泳選手だったこともあり、ボードに腹ばいになって水をかいて進むパドリングには自信があったのですが、幾度も波に押し戻され、なかなか前進できないのです。ようやくポイントまでたどり着いても、押し寄せる波はまさに自然が秘めている力の象徴で、思い通りになることなど一つもありませんでした。ボードの上に立つのすら難しく、何百回も海へと落ちて塩水を飲みました。

サーフィンを始めたばかりの人は誰もが通る道で、海からの洗礼により心が折れる人は多くいます。しかし難しさの先にあるサーフィンの奥深さ、魅力にわずかでも触れられれば、とりことなって生涯海に出続ける人も多いです。私は、うまくいかないのがむしろ面白く、ずっとわくわくして波に向かっていきました。次第に立てるようになり、波に乗る感覚がつかめてきたところで、改めてサーフィンの魅力に取りつかれていったのです。

波に乗った瞬間からあらゆる音が遠くなってついには消え、エメラルドグリーンに輝く海面と白い水しぶきですべての感覚が覆われます。一瞬の美しさは計り知れないものです。

波の圧倒的なパワーを身体全体に受ければ、美しさの裏に潜む自然の残酷さが迫ってきて、人間という存在がいかにちっぽけなものか思い知らされます。

もともと水中にいるのが好きな私にとって、広大な海にポツンと浮かび、無心で海面のうねりを見つめ、美しさと残酷さの同居する世界へと飛び込んでいく時間は、なにより豊かなものでした。サーフィンはすぐに、私の人生に欠かせないものとなりました。

ほかのスポーツに比べ、サーフィンは一度はまると生涯を通じてやり続ける人が多いのですが、理由はサーフィンがただのスポーツではなく、ライフスタイルと密接に結びついているからです。

夜明けとともに目を覚まし、鳥の声と波の音を聞きながら海のコンディションをチェックし、朝日で黄金に輝く水面へと入り、思う存分波に乗ってから仕事に出かけます。昼休みには天気予報をチェックし、夕方には再び海へと向かうのです。季節ごとにウェットスーツを変え、海の変化から季節の移ろいを感じる――サーフィンを愛するようになると、自然とともに生きるというライフスタイルが当たり前となり、サーフィンがない生活が考えられなくなっていくのです。

学業に身が入らず、サーフィンに熱中

大学生活はサーフィン一色でした。アルバイトは生活費に加えてサーフィンにかけるお金を稼ぐためでした。宗派で定められた僧侶の資格を取得するため、京都にある仏教系の大学に進学しても正直、身が入りませんでした。仏教自体にはとても興味があったものの、大学の同級生たちとあまり気が合わなかったことが、私を大学から遠ざけました。

当時その大学の同じ学科に通う生徒の99％は、どこかの寺の跡取りでした。そして多くが、家が寺なので仕方なく大学に来ている、僧になるために必要な資格だけ取れればそれでいいというスタンスで、私とは価値観が違ったのです。

実は大学に入る前から、私には将来経営者になるという目標がありました。具体的には、実家で手掛ける保育園と幼稚園を引き継ぎ、運営していきたいと考えていたのです。ですから寺を継ぐ資格を得て大学を出た後には、保育の国家資格を取得すべく、専門学校に通

う計画を立てていました。そんな将来を思い描いていた自分にとって、大学がやや物足りない場所となるのに時間はかかりませんでした。

一方で、サーフィンを通じてできた仲間のほとんどは社会人で、さまざまな業界で活躍している人たちです。経営者も何人もいて、彼らの哲学や発想の仕方が大いに勉強になりました。常にポジティブで快活なサーファーたちと過ごす時間のほうが、学校で過ごすよりも心地よくなっていたのです。

世間では、サーファーというと「ちゃらちゃらしている」「軟派」というイメージがいまだにあると思うのですが、実像は真逆です。海に出ればときに命を失うこともあります。そうした厳しい環境で本気でサーフィンをやっているのに、日常生活は軽率でいい加減な人などほとんどいません。サーフィン歴の長い人ほど、硬派で優しく謙虚で、人間的にもまっすぐであると感じます。

すばらしいサーファーの仲間もでき、私はいよいよ大学に顔を出さなくなりました。当時の生活を振り返ると、昼は宅配業で、夜は焼き鳥屋でアルバイトをして勤務が終わる夜の11時や12時から一路、京都から名古屋へと車で走り、友人と合流して車内で2時間ほど仮眠をとって明け方の海に入る、という感じでした。京都から名古屋までの片道2時間ほどかかる道のりはまったく苦ではありませんでした。それほどサーフィンに心惹かれていたのです。

そんな生活を2年ほど送った時のことでした。とある経営者から、なにげなく掛けられた言葉が私の耳に残って離れなくなりました。彼は私が経営者になりたいと口にしていたことを知ったうえで、私が本当は何がやりたいのか、人生に何を求めているのかと正面から問いかけてきたのです。

振り返ると自らで選んだようで親の敷いたレールの上に乗っている人生でした。大学を卒業したらあとは実家に戻るだけです。問いかけに胸を突かれた私は、家を継いだらもう二度と地元から出ないかもしれないと不意にリアルな考えにとらわれました。もっと広い世界をこの目で見たい、いろいろな経験もしたい、このまま名古屋に帰ったらきっと悔いが残るという思いが次々と湧き上がり、膨れ上がっていきました。

自分が歩もうとしている道が本当に自らの意志によるものか見極めるためにも、私には時間が必要でした。

100件電話をかけて見つけた新天地

そもそも仏教系の大学に通わねばならない一番の理由は、寺を継ぐにあたって宗派が定める資格の取得です。ほかにそれを取得できる方法がないものか調べてみたところ、名古屋市内の系列校である同朋大学に、1年間で集中して学び資格が取れる専門コースがあると分かりました。ここに入れば、あと2年も我慢して今の大学に通わなくても資格が取れるのです。私はそれが分かった時点で、もう大学には行かなくていいのだと考え、退学を決意しました。

父に同朋大学のことを話し、資格を必ず取ることと跡を継ぐことを約束する代わりに、どうかあと少しだけ自由にさせてほしいと頼み込み、なんとか許してもらいました。

ただ退学後、具体的に何をするかまでは決まっていませんでした。私が考えたのは、結局サーフィンです。どこか暖かい場所の海でのんびりサーフィンでもしたいと漠然とした考えに任せて、計画性などまったくないまま、とりあえず沖縄の情報を集めることにしました。

その頃の私ができる仕事といえば、リゾート系のアルバイトか、焼き鳥屋で働いた経験を活かしての飲食業しかありません。それらの職種を中心に、住み込みで働けるところを探しました。

当時は今のようなネット環境もスマートフォンもない時代です。図書館に行き、箱型の大きなパソコンからネットにアクセスしてリサーチをかけても沖縄の詳しい事情は分からず、店の名前と住所、電話番号くらいしか拾えませんでした。それらを調べたら、あとはひたすら電話です。目についたところにはとにかく電話をかけ、人を募集しているか、住み込みで働かせてもらえるかを聞き続けました。

最初は那覇市内でいい仕事がないか探したのですが、どうやら那覇市は、名古屋とさほど変わらない都会であると分かりました。どうせならまったく環境の違ったところで働きたかったので、周辺の離島に絞ってリサーチし、どんどん電話をかけていきました。

住み込みで働ける条件を満たす仕事として最も多かったのが、ホテルやペンションでした。１００件以上に電話をかけてようやく一つ、手ごたえを感じるところがありました。那覇市から西に約40㎞の東シナ海に点在する慶良間諸島にあるペンションで、ホエールウォッチングなど海のアクティビティにも力を入れているといいます。そのため、元水泳選手で調理もできるというところがアピールになりました。ちょうどこれから繁忙期に入るというときだったらしく、できるだけ早く来てほしいと言ってもらったのですが、大学もアルバイトも辞め、住まいを引き払うのにどうしても２カ月はかかります。

そのことを伝え、どうしても６月になると言うと、先方は人手がいるのはゴールデンウィークだから、それでは遅過ぎると断られてしまいました。

ようやく決まりかけたところで白紙となり、ややがっかりしましたが、気を取り直して再びリサーチと電話を繰り返したところ、石垣島で飲食店を３店舗展開している会社に行き当たりました。社員寮もあり、ちょうどキッチンに入れるスタッフを募集していました。

時給は８００円で当時としては決して安過ぎる額ではありませんし、住み込みであることも考えれば文句などあろうはずもありません。とんとん拍子で話は進み、内定をもらうことができました。

21歳となった年の6月、私は石垣空港に降り立ちました。季節はすでに真夏で、飛行機の扉が開いた瞬間、南国特有の高い湿度をもった熱気を感じたのを覚えています。都会のうだるような暑さとは異なり、どこか心地よさがありました。飛行機から滑走路へと降り、小さな空港へと歩いていく途中、空を見上げれば大きく真っ白な入道雲がかかっていました。

エメラルドグリーンの海で、九死に一生を得る

石垣島での暮らしは思った以上にすばらしいものでした。

職場の飲食店も社員寮も繁華街にあり、生活に不都合はほとんどありませんでした。ただ一つ、戸惑ったのは方言です。特に島に住むおじいちゃんやおばあちゃんの言葉はまるで外国語のようで、最初はほとんど意思疎通ができず、笑ってやり過ごすしかなかったこともあります。近所の公園にあった地球儀のモニュメントを見て、日本本土よりもフィリ

ピンのほうが近いことに驚いたり、港から台湾への定期船が出ていて、天気がよければ台湾が見えることに少し感動したりして、地元では味わえなかった非日常を満喫していました。

島には1つだけサーフショップがあり、私はすぐに常連の一人となります。地元のサーファーたちとも打ち解け、ポイントを教えてもらったのですが、石垣島の海は予想以上に荒々しく、波のサイズもパワーも味わったことのないレベルで、死の恐怖を感じるほどでした。

実際に死にかけたことも何度かあります。例えばある日、サーフショップで知り合った人々と海に入ったときです。彼らは地元の海に詳しく、私はよく情報をもらっていたのですが、その日は特に大きい波が来るから注意が必要だということでした。初めは穏やかでも時間とともに波が高く大きくなってくるというのです。事前にそんな話を聞きつつ、ポイントへ向かってパドリングしていました。石垣島の海は透明度が高く、サーフボードの上から色とりどりの熱帯魚やサンゴ礁が見えるのも楽しみの一つです。

ポイントに着くと風は穏やかで、波もさほど高くはなく、気持ちよくサーフィンができました。時間を忘れ熱中し、ふと気づけば、波のサイズがずいぶん大きくなってきていました。私は警戒を強め、そろそろ引き上げたほうがよさそうだと思いつつ、最後に1本、気持ちよく乗って終わりにしようなどと欲を出したのが判断ミスでした。波はさらに高くなり、海面から3メートルを超えるほどの大波となったのです。仲間が大声で危険を告げるのが耳に届いた瞬間、目の前に巨大な壁が現れました。

大きな波は、ごごごごご、とジェット機のような音を響かせて迫ってきます。回避する間もなく、私は波にのまれました。まるで洗濯機の中にいるように水中でぐるぐると回転し、あらゆる方向に引きずられた私は上下が分からなくなり、ただ自分が強大な力に流される感覚だけがありました。

数十メートル流され、ようやく波の渦が弱まってきて海面に上がり呼吸をしようとした瞬間、今度は別の波が頭上で弾けました。再び水中を回転すると、今度は体が硬いものに何度もぶつかる感触がありました。

呼吸を止めていられるぎりぎりの時間で、なんとか海面に浮かび上がると、ずいぶん岸に近いところまで流されていました。あれほどきれいだったサンゴ礁が牙をむき、ウェットスーツはぼろぼろに破れ、サンゴ礁と皮膚がこすれて大きな擦り傷が何カ所もできていました。まさに、九死に一生を得た経験でした。

傷にサンゴが入ると、ずっと痕が残ります。私はその傷跡を見るたびに、今でも自分という存在の小ささや無力さを思います。そしてなにより、生きていることの幸せとありがたさを感じます。

このような体験は、私の経営者としての在り方にも大きな影響を与えています。せっかく授かった命なのだから、誰もが後悔のないように生きてほしいと考えるようになり、それがのちに理事長として保育園の改革を進めるうえで行った、さまざまな施策の土台となっているのです。

サーフィンに熱中する一方で、仕事もしっかりこなしました。石垣島の繁華街は眠ることはありません。観光客は朝まで店に滞在し、大いに盛り上がります。当時の飲食店の多くは朝5時まで営業を続け、私も毎日夕方から12時間以上は働いていました。

近年は働き方改革が叫ばれ、長時間労働をとにかく是正せよという風潮がありますが、個人的には必ずしも「長時間労働＝ブラック企業」であるとは思いません。時給制であるなら働くほど給料は上がりますし、自分がやりたいことに邁進しているなら、何時間働いても苦ではないはずだからです。

私自身、石垣島では好きなことをして生きる幸せを実感しました。島で過ごした時間こそが、後に経営者となり「遊ぶために働け」という理念を掲げる原体験だったと、今となっては思います。

そんな私の青春放浪記は、思わぬ形で幕を閉じることになります。

母の病気をきっかけに急きょ地元へ

12月に入り、石垣島にも冬が訪れていました。気温は18度前後でも、海からの風が強くなって肌寒さを感じます。

母の病気を知ったのは、そんな頃でした。妹からの連絡によると、当時すでに父と離婚していた母が手術を受けるにあたり、家族の同意が必要とのことでした。妹はまだ19歳で、成人している身内は私しかいない状況で、私が急きょ、名古屋に帰って手術の承諾書にサインをしました。

手術は10時間に及び、幸いにも母は一命をとりとめたのですが、だからといって病が根本的に治ったわけではありません。もし、次になにかあればどうなるのだろうかと思うと私は落ち着いてはいられない気持ちになり、自分のこれまでの生き方や将来について考え込んでしまいました。

石垣島に戻ってからも私の心は晴れません。本来なら島に2年か3年は滞在する予定でしたが、母を失ってから後悔するようなことだけはあってはならないと思いました。

結局、翌年の年明けには石垣島を離れて名古屋に戻り、その年の4月から大学に入学し、宗派の定める資格を取ることにしたのです。

バックパッカーとして訪れたインドの現実

同朋大学に入ってまず感じたのは同級生たちの目的意識の高さでした。1年間という短期集中で資格を取ろうと考える時点で、ただ大学生活を謳歌するのが目的ではないといえます。年齢層からして通常の大学とは異なり、22歳の私が最年少で、上は60歳まで幅広い人々が在籍していました。どの学生も僧侶になることに迷いはなく、どれほど学業が忙しくとも愚痴や文句は出ませんでした。そんな環境を私は心地よく感じ、ここで初めて自分自身も仏教について深く学んでいきました。

こうして学業に打ち込む一方で、まだ見ぬ世界への好奇心ももち続けていました。それには、行動するしかありません。私は夏休みを利用して、インド旅行に出かけることにしました。なぜインドかというと、自分が学んでいた仏教発祥の国だったからです。

約10時間のフライトを経て、インディラ・ガンディー国際空港に降り立ち、首都デリーへと向かう途中で、私は衝撃を受けました。インドは田舎町が多い発展途上国というイメージでしたが、目の前に広がっている高層ビル街は、名古屋よりもはるかに都会的で洗練されていました。街には日本であまり見かけないような高級車が所狭しと走り、生活水準の高さがうかがい知れました。

仏教の史跡を巡るべくデリーからバスに乗って地方へと移動した際には、２時間ほど走ると舗装された道路が次第に土の道へと変わり、いたるところにぼこぼこと穴があるような田舎の風景となりました。時々バスがくぼみにタイヤを取られ、立ち往生するほどでした。

ようやく自分のイメージと眼前の風景が重なった気がして、のんびりと車窓を眺めていると、木で組んだ電話ボックスのようなものがあることに気づきました。よく見れば、「ＩＳＤＮ」とアルファベットが記されています。まともに道が舗装されていない田舎にすらインターネットがいき届いていることを知って、ＩＴの先進国でもあるインドのすごさを見せつけられた気がしました。

なによりショックだったのは独自のカースト制度です。インドにはいわば「プロの物乞い」というべきものが存在しています。そのなかには、生まれた子どもの手や足を切り落とし、それを見世物のようにして物乞いをする家族までいました。

そんな強烈な現実に、私の心は揺さぶられました。生まれた家のカーストにより人生の大部分が決まってしまうこの地に比べ、自分がどれだけ恵まれた環境にいるのかよく分かりました。

そうしたひと夏の体験に加え、大学で仏教と真剣に向き合ったことが、現在の私の核となっていきます。

諸行無常の世界を前に、心が求めることを自由にやればいい

仏教は確かに宗教の一つですが、その内容は極めて哲学的であり、深く学ぶほどに生と死や生まれてきた意味、自分という存在といった人間の根源と向き合うことになります。

そして改めて学んで気づいたのは、人間は自らの意志で生きているのではなく、自然や宇

宙といった雄大な営みの中で〝生かされている〟ということでした、

生と死のタイミングは、自分では決められません。過去に地球上に存在したあらゆる生命が大きな流れとしてつながり、その一部として生まれ、わずかな時間を生き、死んでいく――。世界のすべてが絶え間なく移り変わり、命もまた誕生と消滅を繰り返すそのありさまを、仏教では諸行無常と表現します。そんな世界の摂理を前に、いくら自分がその存在を主張し抵抗したところで大河の一滴に過ぎないのです。

こうした感覚は、私を構成するもう一つの要素であるサーフィンというスポーツともリンクするものです。一度として同じ形を描くことはなく、常に変化し続ける波に挑み続けていると、自然は人間などまったく意に介さずにただそこにあり、人間の思い通りになる部分など一つもないということがよく分かります。

諸行無常の世界で生かされているのが人生の本質であると考えれば、一つのものに執着したり、富や名声にとらわれたりせず、心軽やかに生きられます。自らに降りかかってくる試練に対しても、そんなものだろう、と動じることなく受け止めたうえで冷静に折り合いがつけられます。思い返せば、初めての挫折となったのが、身体が小さかったため水泳選手への道を諦めざるを得なかったことでしたが、人生とは「そんなもの」であり、くよくよする必要はまったくないと今では分かります。

そして、生かされているという感覚になると、それを支えるあらゆる存在に感謝する気持ちが湧いてきます。謙虚さを常にもちつつ、あとは心が求めることだけを自由にやっていけばいいというのが私の人生観です。

サーフィンで自然の中に没入し、仏教を真剣に学び、私の中ですべてがあるべき場所に収まって、考え方の核ができたような感覚がありました。

私は今、保育園の理事長として毎日奮闘していますが、これこそが周りには型破りと言われる私の経営者としての原点になっています。

技術よりも子どもたちの人間性や性格とどう向き合うか

大学で宗派の定める資格を取ったのち、幼児保育の専門学校に通って保育士と幼稚園教諭という2つの資格の取得を目指しました。本格的に幼児保育の世界へと飛び込んで、まず驚いたのは女性率の高さでした。事前に知識として女性が多いのは分かっていましたが、専門学校の同期１２０人のうち男性はわずか６人で、これほどまで女性社会なのか、と目を丸くしました。

保育士としての下地作りにいそしむ一方で、まだ見ぬ世界への好奇心は相変わらず衰えることなく、旅行に出かけました。専門学校に通い始めて1年目の夏に、再びバックパッカーとして今度はタイを訪れたのです。

手元にあるお金は13万円ほどで、関西国際空港からの往復航空券が約８万５０００円、お世話になっている人たちへの土産代として、１万円くらいは確保しておきたいと考えていたので、差し引きして残り３万５０００円ほどで生活する必要がありました。タイには40日ほど滞在する予定でしたから、１日あたりに使えるお金は９００円を切ります。それで宿と食事にありつくというとてつもない貧乏旅行で、行く先々であらゆるものを値切ることでなんとか成立するありさまでした。

タイ語はもちろん、英語もかた言しかしゃべれない状態で実行しようとしたのはまさに若さゆえの無鉄砲でしたが、実際にタイでそうして生活を続け、自分はどんな国のどんな場所でも生きていけるだろうと思えるようになりました。

首都バンコクから北へ約720キロに位置する第2の都市、チェンマイに行ったときには、あまりの熱気に唖然としました。観光客と現地人が入り乱れ、朝まで宴が繰り広げられる様子はまさに眠らない街であり、エネルギーを肌で感じた私は、きっとタイは、いずれ大きく成長すると予感したのを覚えています。

インド、タイという2度の旅行を通じてこれまで体験したことのない文化に触れたことで、私は日本という国や世間について視野を広くもって見渡せるようになりました。この経験は、常識の枠に縛られずに発想するために欠かせないものだったと今では思います。

そういった視点が身に付いてくると、学んでいた幼児保育についても違和感を覚えるようになりました。国家資格の取得を目指すという性質上仕方がないのだとは思いますが、専門学校で教えている内容は、読み聞かせ、ピアノ、手遊び、子どもたちの注意のひき方といった技術論ばかりです。保育の現場では確かに技術は求められます。しかし、それは大人の都合に合わせて子どもたちを動かすための方法という意味合いが強いように思え、どうしても納得がいきませんでした。

それよりも、子どもたちの人間性や性格とどう向き合うか、各人が抱える背景をどう読み取り、どのように教育に反映していくかといったことを考えるべきではないかと、私は学校内で主張し続けていました。

みんな技術を必死に身に付けようとしているなかで、私だけが子どもとの向き合い方を追求していたので、最初の頃は「常識がない」「空気が読めない」と白い目で見られました。しかし私は周囲の視線はまったく気になりません。思うままに行動し、ことあるごとに自らの考えを発表していったところ、次第に賛同し応援してくれる人が現れました。自らのしっかりとした理念と信念があれば人はいずれついてきてくれるというこの経験もまた、経営者としての血肉となりました。

結果として無事、幼稚園教諭と保育士と2つの資格を取得することができたので、私は24歳で再び実家に戻りました。そして、実家の幼稚園と保育園の運営に携わるようになったのです。型破りな私は2年後、波乗り理事長として夏の終わりの海に押し寄せるビッグウェーブのように、保育園に波風を立てまくっていきました。周囲からは常識外れといわれる施策を次々と打ち出していったのです。

第2章

子どものために身を粉にして働くなんてもう古い！

保育士ファーストを貫く
型破りな働き方改革

すべてを一人で判断し、トップダウンで組織を運営

理事長になる時に私が最初から決めていたのが、一族を誰も経営陣に加えないことでした。理事を選ぶ際にも、親族の誰一人にも相談せず自らの判断で親族外から有識者を集めました。

いくら家族であっても、意見が合わないことは必ずあるものです。そして家族経営だと、もし仲たがいが生じたときには、それが火種となって園が分裂するような大きな争いに発展しかねません。そこまでいかなくても、経営陣で意見が違えばそれがダブルスタンダードとなり、派閥が生まれる温床となります。したがって、親族はできる限り入れないほうが、経営リスクが少なくて済むというのが私の判断でした。

理事長になって、初めは当然、自分の味方になってくれるような人はほとんどいません。26歳で保育歴もない若造の言うことを、40代、50代の現場のトップが聞くはずもなく、誰

も私に従いませんでした。

せっかく会議を開いて新たな物事を決めても、現場で実行されなければ意味はありません。実際に、会議で改善案を確かに承諾されたはずなのに、現実には誰もなにも変えようとしないことは日常茶飯事でした。若手職員たちも相変わらずお局様の動向に身を縮ませ、顔色をうかがい、自分が目をつけられないようにしようとするばかりでした。意見を述べることには消極的で、私が提案するプランを実行しようとはしてくれません。あらゆるイベントは例年通りの形で続き、職員を取り巻く環境も変わらず、改革はなかなか進みませんでした。

しばらくそんな状況が続き、こんなペースでは私がやりたい保育を実現するまでに20年はかかると思えてうんざりしてきました。そんなに時間をかけてはいられません。私は思い切って、強引にでも改革を進めることにしました。そこからいちいち会議にかけることをやめ、すべてを一人で判断し、トップダウンで運営すると決めることにしたのです。

この経営手法は、園で起きるあらゆることの責任を自分が引き受ける覚悟があって初めて成り立つものです。都合が悪くなっても誰かのせいにはできず、言い訳も許されません。

しかし私としては望むところでしたし、自分なら必ずできる、よりよい方向に園を導けると信じていました。トップダウンの徹底により責任の所在を明確に絞ることで、ダブルスタンダードを防ぎ、派閥をなくしていくという狙いもありました。

「子ども神話」が保育現場で引き起こす悲劇

私がまず取り組むべきだと考えたのは労働環境の改善でした。職員の労働環境について語るうえで欠かせないと思うのが、保育業界の悪しき習慣の一つとして挙げられる「子ども神話」です。

これまで幼稚園や保育園では、「すべては子どものため」という大義名分を盾に、職員は二の次、三の次で扱われてきました。例えば、安くて質もそれなりにいい既製品があるのに、それを買わずに職員が手作りした品を子どもに渡すことにこだわるようなケースが子ども神話の典型です。大切な子どもに与えるのだから、愛情や温かみを感じる手作りの品がいいというもっともらしい理由から、職員たちは時間と労力をかけて園児のためにせっせとおもちゃや日記を手作りし続けてきたわけです。

しかしそもそも、子どもたちが「既製品より手作りのほうが愛情を感じる」「温かみがあってうれしい」と一言でもいったかというと、そんなことはないのです。手作りにこだわるのは、子どもよりもむしろ親に向けたパフォーマンスで、子どもを大事にしているというアピールです。親が満足するというだけ、いわば大人たちの自己満足に過ぎません。

手作り自体が悪いことであるというつもりはまったくありませんし親たちへのアピールもどんどんすべきです。職員たちに時間的、体力的余裕があるなら、手作りにこだわってもまったく問題ありません。しかし職員たちの大きな負担になっているなら話は別です。愛情が感じられる、温かみがあるといったあいまいな根拠で手作りを強いる行為は、トップとして正しい在り方とはいえません。このような子ども神話により、さまざまな場面で職員の負担が増えている現実があり、職員の働き方にも大きな影響を与えてきたのです。

親による子育ても同じですが、子どもの面倒を見るには基本的につきっきりになる必要があります。保育士が1人で担当できる子どもたちの数は、1歳児なら6人、4歳児なら

30人（ただし、保育士は常時、最低2人以上配置すること）というように国が定めているのですが、まずこの配置基準自体がかなり厳しい数字です。4歳児を30人、たった1人で見るのがいかに難しいかは、保育士なら容易に分かるはずです。

例えばおもらしした子どもをケアしているすきに、別の子がベランダに出たり、机に乗ったりと危険な行動に出れば、おもらしを放置してそちらに走らなければなりません。機嫌が悪くて泣いている子や抱っこしてほしい子などの対応は当然、あと回しとなります。大げさではなく、保育士はトイレに行っている暇すらありません。実際に私の知っている人で、子どもたちの世話に追われ尿意を我慢し過ぎた結果、膀胱炎になった保育士までいます。

ちなみに保育士の配置基準は、正式には「児童福祉施設の設備および運営に関する基準」といい、児童福祉法に基づいて決められていますが、できたのはなんと1948年です。戦後の混乱期に制定された、70年以上も前の基準が平然と使われている現状に、私は驚きを隠せません。この日本の基準は世界的に見ても極めて劣悪です。例えば1人の保育士が担当する子どもの最大人数（5歳児）は、日本の30人に対し、スウェーデン（ストックホルム市）は6人、アメリカ（ニューヨーク州）は9人、ドイツ（ザクセン州）は13人となっています。（月刊『住民と自治』2021年1月号）

保育士不足の深刻化を受け、国は2016年に配置基準を緩和しました。

・看護師、保健師、准看護師も、保育士としてカウント可能
・朝夕の時間帯は、保育士2人のうち1人は子育て支援員で代替え可能
・幼稚園教諭、小学校教諭、養護教諭の免許保持者を、保育士として活用可能
・自治体の研修を受けた子育て支援員の活用

しかしこれらの効果は極めて限定的であったといわざるを得ず、保育士不足はいっこうに解消されませんでした。現在も、1人の保育士ができる限り多くの園児を受け持つのが当たり前になっています。ほかの業務を手掛ける余裕などとてもないというのが現実です。

したがって手作りの品や手書きのお便りを作成するならシフト外の時間で行わねばならず、残業が必要になります。この残業こそ、子ども神話により引き起こされる悲劇の最た

るものなのです。

近年は特に、人材不足の影響もあって保育業界の残業時間は増加傾向にあります。労働基準法が定める週あたりの法定労働時間は40時間で、それ以上働くなら基本的には残業扱いとなります。ただ、それが建前に過ぎないというのは、現場で働く職員たちなら誰もが知るところです。

無駄な会議への全員参加が残業のもと

全国保育協議会による「会員の実態調査2021」報告書によれば、週あたりの実働時間について「40時間以上50時間未満」と答えた正規職員は全体の61・3％、「50時間以上60時間未満」は1・3％、60時間以上は0・2％でした。実に62・8％の正規職員が残業をしていることになります。

また、労働基準法では1日の労働時間が6時間を超える場合は45分以上、8時間を超える場合は1時間以上の休憩を与えることとされています。保育施設は12時間にわたりオープンしているところが多く、勤務時間も8時間以上となるケースが一般的ですから、１日あたり1時間以上の休憩が必要なはずです。

しかし実情は、休憩時間などほとんどありません。手作りアイテムの作成や、行事の準備、連絡帳のチェックといった、園児たちの前ではできないさまざまな業務を休憩時間に行わねばその日に終わらないからです。本来、そうして休憩時間が取れないような状態は違法なのですが、そこで子ども神話が発動されます。子どもたちのためなら自分の時間を犠牲にするのは当たり前だという風潮がはびこっているおかげで、どんなに休憩が必要だったとしても、誰も声を上げることができないのです。

さらには、残業も無償というケースもよくあります。大きな原因となっているものの一つが会議です。そもそも保育業界ではなにかにつけて「全員で集まる」暗黙の了解が存在します。職員会議は夕方から夜、園児が帰ったあとに開くのが一般的で、早番のシフトなら当然、職員会議が始まる前に勤務時間が終わります。保育業界では多くの職員が、特にやることがなくとも会議が始まるまで居残っています。全員で参加すべき会議があるのに、自分だけ先に帰るのは気が引けるというのが理由で、特に上司の顔色をうかがっているような場合にはとても帰ることなどできません。結果として朝8時から夜の9時、10時まで園で過ごすことになります。しかも、誰かに指示されて残っているわけではないので、残業申請もできません。残業代を要求して上司に白い目で見られるような事態は避けねばなりません。

朝礼も同じで、本来なら遅番であるのに、朝礼に出るためだけに朝8時に来て、そこから本来の勤務開始時間までなにもしないでいるわけにもいかず、結局は12時間働いてしまう人がよくいます。

では職員会議や朝礼が、全員が参加しなければならないほど重要であるかというと、私にはそうは思えません。少なくとも私が入職した頃に開かれていた会議では、内容のある案件はほとんどありませんでした。例えば行事の内容を決める場合でも、去年と同じことをするだけならそこまで長い時間をかけて会議をする必要はないはずです。お局様が牛耳っている環境では反対意見などまず出ませんから、そもそも全員で話し合う意味はありません。にもかかわらず、なぜかしょっちゅう会議があったのは、私にとって大きな謎でした。

理由は、今なら分かります。結局「全員で会議をする」慣習を守るのが大切だったのです。本来の会議の目的である、仕事上の課題を解決するための意見交換よりも、定期的に会議をすること自体が目的化してしまったわけです。

そんな無駄な会議のせいで、無償残業が常態化するという見過ごせない事態を招いているのであれば、常識的に考えてすぐに会議を廃止する必要があるはずです。しかし変化を好まない人々は、子ども神話を盾にして許さず、経営陣も下手に波風を立てることはないとばかりに放置しているのが実情なのです。

労働状況に加え、私が特におかしいと思ったのが有給休暇の取得でした。多くの園にはお局様がいて、長く働いているという理由だけですべてを取り仕切っています。有給休暇は、まさに「園内カースト制度」が最も強く表れるところです。

本来であれば、年間で最低でも10日は有給休暇を取得できるはずですが、カーストの下層にいる若手職員は、10日どころか２～３日しか消化できないケースもあると聞きます。

なぜかといえば、お局様を筆頭とするベテラン社員から優先して有給休暇を取っていくからです。結果として登園する子どもの数がぐっと減るお盆ですら、若手職員は有給休暇を取れません。保育士として日々、子どもに接している裏では、最愛のわが子の学芸会や運動会といったイベントに行くことすらできない職員がたくさんいるのです。なにより恐ろしいのは、それが当たり前の風潮があることです。お局様による、自分たちもそうしてきたという主張のもとに、若手職員たちは仕方がないと諦めるほかないのです。

休憩時間も休暇もまともにとれず、残業は当然――。そんな職場で働きたい人間などいません。実際に厚生労働省の「保育士の現状と主な取組」という調査で、退職した保育士に理由を聞いたところ、全体の24・9％が「労働時間が長い」、27・7％が「仕事量が多い」と回答しています。再就職を考える際の希望条件としては「勤務日数」が2位、「勤務時間」が3位に上がっており、労働時間と仕事量に不満を抱えている人が多いという実態が浮き彫りとなっています。

その園でのキャリアがすべてというゆがんだ構造を変えたい

このような現実を前に、私がまずトップダウンで決めたのが会議の廃止と有給休暇の改正でした。

会議は、引き継ぎや報告・連絡・相談の機会ともなっており、必要であるという声もありました。しかし、べつに全員で集まらなくてもできます。さまざまな連絡は多くがメモやクラウド上のＩＴツールを活用することで事足りますし、相談は上司らと個別にすればいいだけです。会議廃止の効果は絶大で、シフト通りに勤務するという当然の発想が少しずつ根付いていくきっかけとなりました。

また、有給休暇の日数を4分の1に減らし、その分、お盆や年末年始の公休を増やしました。権力をもった一部の人間しか自由に取れない不平等な有給休暇など、できるだけ少ないほうがいいに決まっています。公休という形に変えれば、わざわざ申請などせずとも当たり前に休みが取れます。給与の額は固定であり、有給が公休になったからといって額面を減らすことは当然しません。こうして年配者が享受していた既得権益の一つを強制的に破壊し、ずいぶん風通しがよくなりました。

言葉で書くとシンプルな説明になりますが、実行するためにはかなりの労力を必要としました。園は騒然とし、若造が何を言い出すのかとあからさまな敵意を見せる人もいました。園で強い影響力をもち、現状維持をなにより重んじる古株の職員たちを軒並み敵に回す改革ですから、当然の反応です。

しかし私からすると、むしろただその園でのキャリアが長いだけで、古株職員が我が物顔でふるまう理由がまったく分かりませんでした。現場の職員は国家資格の保有者で誰もがその道のプロですから、平等な立場で仕事ができるかどうかで評価されるべきです。

例えば同じく国家資格が必要となる看護の世界では、看護士がいくつもの病院を転々としていたとしても、通算でキャリアとして認められ一目おかれます。注射や患者のケアのスキルはどんな病院でも求められるもので、誰もが平等に評価されます。

ところが保育の世界はこの常識が変わってしまっていて、園に勤めている期間がなにより重要視されます。例えば保育歴20年になる40代の保育士が入ってきたとしても、その園では1年目だからということで、保育歴10年にも満たない30代の保育士が先輩風を吹かせます。園ならではのやり方というのは、いくら保育歴が長くとも実際に取り組んでみなければ分からないもので、ベテランであっても最初は戸惑いながら覚えるしかありません。

なぜこのようなことが起きるのかというと、結局は保育に正解がないからです。公的な答えがないからこそ、各園が独自のスタイルで運営を続けてきており、そのスタイルを最もよく実践するものが優位に立つ構造になっているのです。

こうしたゆがんだ構造を、私はまずぶち壊していきました。

新卒以外は採用したがらない保育園の事情

理事長に就任して2年目からより本格的な改革に着手しました。初年度は私のやり方に対し職員たちがどのように反応するか、改革の障壁は何かなどを見極めながら進み、1年間でそれらが見えてきたため、いよいよ抜本的に園を変えるための施策に動き出したのです。

その最たるものが、保育士採用に関する改革でした。慢性的に不足し、売り手市場が続く保育士の確保は、どの園でも最重要課題です。まさに猫の手も借りたいわけですから、本来であればあらゆる年代の資格保有者に対し募集をかけるのが当たり前で、新卒よりも即戦力となる経験者が重宝されると思います。

しかし保育業界では、採用といえば新卒に限るのが常識で、中途採用には消極的な園がほとんどです。人手が足りないのに採用を新卒に絞る矛盾した状況が、なぜ常識としてまかり通っているのかというと、大きく2つの理由があります。

前提として、保育園のほとんどは社会福祉法人が運営しているという実態があります。内閣府の「保育所等の運営実態に関する調査結果（2019年）」によると、保育園の運営主体の割合は、社会福祉法人86・9％、営利法人（株式会社）4・9％、学校法人2・8％、その他5・4％となっています。

社会福祉法人が運営する園で、国から得られる収入の上限が決まっているなかで利益を増やそうとすれば、人件費や諸経費を抑えるしかありません。特に大きなコストとなる人件費との向き合い方は、経営陣の考えが最も表れるところです。

人手は欲しいけれどコストは抑えたいと考えた場合、採用は必然的に中途採用よりも新卒に絞られます。キャリアがあればその分、給料を払わなければならないからです。仮に中堅の保育士２人を雇うお金で新卒を３人雇うことができるとすれば、新卒を選択する園がほとんどとなっています。

現場で働く保育士たちの視点から見ても、キャリアがある保育士より新人に入ってもらったほうが都合いいという考え方があります。特にその園のお局様としては、すでにキャリアがあって保育観が確立し、スキルも高い保育士を無理に自分のやり方に従わせるより、まだどの園の色にも染まっていない新人保育士を教育して自分色に染めるほうがはるかに楽なのです。その園にどれだけ長く働いているかが重要視される世界では、いきなり中堅どころが入って実力を発揮されると秩序が乱れる恐れがあります。お局様にとっては、長年かけて築いた自らの城を守るには新卒がベストです。採用される新人の側としても、そのうち結婚したら辞めればいいという考えをもっている人が多くいて、その結果、どの園でも中堅どころの数が圧倒的に少なく、新人とベテランという構成となっていると感じます。

こうした経営的な観点と、すでに園で働いている保育士たちの思惑がかみあった結果、どこも新卒採用にこだわることが常識となっているのです。しかし保育業界に飛び込んだばかりの私には、この常識こそ人材難を招いている大きな理由であると感じました。また当時、改革に反対するベテラン保育士たちはなかなか私の指示を聞いてくれませんでしたから、新卒を採ったところですぐに昔ながらの園のやり方を教え込まれ、ベテラン保育士たちの色に染まってしまうのは目に見えていました。

私は中途採用の積極化の方針を打ち出しました。私がやりたい保育、理想とする保育に共感してくれる30代、40代をなんとかして集めようと考え、実行に移しました。

業界の常識とは真逆の私のやり方は、当然ながら既存のベテラン保育士には嫌がられ、ベテランに連なる派閥の保育士たちからも文句が続出しました。しかし私は文句を無視してばんばん中途採用を続けていきましたから、この時の園内のあつれきはすさまじいものでした。

組織で新たなことを始める際に反対する人は必ず出ます。いちいち立ち止まってしまえば、改革などできません。私は絶対に引かないと決め、トップダウンで採用改革をやり続けていきました。

まずは働き手から幸せにする「保育士ファースト」

ただし、キャリアのある保育士を採用するのも簡単ではありません。例えば結婚や出産などを機に仕事を離れた潜在保育士は確かにたくさんいますが、募集をかけただけで、復帰したいと考える人が都合よく現れ、しかも自分の園に押し寄せたりはしません。よその園から新天地を探している人も同じで、まずはそうした人たちの心をつかまねば、ここで働いてみようかとは思わないのです。

私は連絡をくれたり、人から紹介されたりした保育士たちに、とにかく会いに行きました。時間は相手の都合に合わせ、平日の夜や休日でも出向いていきました。そしてまずは、私の保育に対する考え方や思いを伝えることから始めました。

では、私がやりたい保育とはなにか、保育士に伝えていた思いはどんなものかというと、実は当時から中身はほとんど変わっておらず、現在へと至っています。入職した頃から気になっていた、園で働く大人たちが疲れ切ってどこか諦めたような表情――それを明るくエネルギーの満ちたものに変えたいというのが、すべての入り口だったように思います。自分が石垣島で感じた、好きなことをして生きる幸せを、縁あって出会った人々にもぜひ味わってほしいと感じました。

保育士は本来、子どもが大好きで、子どもたちと接する時間がなによりも幸せという人ばかりです。にもかかわらず、いざ園で働き始めれば、いつしか子どもたちより上司や同僚の顔色ばかりうかがい、子ども神話によって半ば強要される長時間労働にも疲れ切り、目の前にあったはずの幸せを忘れてしまうのです。

保育の世界で、子どもを大切にするのは当たり前の話ですが、そのためにはまず自分に余裕がなければいけません。自分が精神的にきつかったり、追い詰められたりした状況だと、他者に気を配る余裕が失われるものです。

したがって、子どもたちを健全に育んでいくにはまず大人にゆとりが必要であるというのが私の結論でした。いつの時代も、子どもは大人の鏡であり、ピュアな心をもっているからこそ大人の在り方にダイレクトな影響を受けます。

子どもたちが園で過ごす時間は長く、そこで接する大人は基本的には担任である保育士しかいません。その保育士が暗い表情でつらそうに働いていたなら、子どもたちも園に行くのが楽しくなくなるのではと思います。しかし保育士がゆとりをもって子どもたちと向き合い、保育を楽しんでいれば、子どもたちもまたきっと園での時間を十二分に楽しむことができます。

大人が幸せに働ける園を作ることができれば、子どもたちも間違いなく幸せな時間を過ごせるのです。だからまずは、自らの園で働くあらゆる人を幸せにするべきなのだと、私の心は決まりました。早い段階で心に誓ったことが、保育士ファーストという行動理念です。

改革にあたっても、採用でも、自分たちが楽しいと思えることをやろうということ、そして、子どもたちの前で輝いている大人であってほしいということを伝え続けました。

理事長になって2年目の段階では、「遊ぶために働け」という企業理念までは昇華されていませんでした。しかし、核は変わっていなかったと感じます。私の考え方に賛同してくれる人が徐々に集まり、中途採用のメンバーがどんどん増えていったことで、園の雰囲気は次第に変化していきました。

去る者は追わず、来るものを探す

私の思いに共感し、しかも保育士としての実力があるキャリア組が増えていくというのは、改革の反対勢力からすれば、居心地がどんどん悪くなっていくことにほかなりません。加えて私は、派閥がらみのパワーハラスメントなど人間として問題のある行為は徹底的に指摘し、ベテランであろうが関係なく叱りました。保育歴のない若造に怒られるということを屈辱に感じたベテラン保育士もいたはずです。結果として、理事長就任から3年経った頃には古株のベテラン勢はほとんどが辞めていき、20～30代と新しく採用したベテランの保育士が中心の園となりました。

最近は保育士不足という事情もあり、辞めたいという職員をなんとか引き留めようとする園は少なくありません。実際にＳＮＳでは、園を辞めたいのにあの手この手で引き留められて辞められないという保育士の話がよく載っています。

人がいなければ園は運営できませんから、気持ちはよく分かります。それでも私は「去る者は追わず」の姿勢を貫いてきました。辞めたいという話が出たらできる限り速やかに希望をかなえるように努め、なかには次の職場が決まるまでの２カ月間、給料を払い続けながら今の園には出てもらわないようにした人もいます。

なぜかというと、辞めたい人を無理に残せば、周囲に負の影響が出ると考えるからです。いかなる理由であれ、辞めたいと思った時点で、その人の心はすでに園にはありません。どうせ辞めるのだからという気持ちが少しでもあれば、日々の業務に対するモチベーションが上がるはずもなく、生産性も落ちます。

ネガティブな感情を抱えている人と一緒に働く同僚たちにも、必ずその影響が表れます。相手のやる気のないそぶりにいら立つ人もいるでしょうし、自分も手を抜いていいと勘違いするような人もいるかと思います〝腐ったリンゴは隣にあるリンゴを腐らせる〟という言葉のとおり、1人の存在が組織全体の士気を落としていくのです。

そんな腐敗を防ぐうえでも、辞める人を無理に引き留めるのは避けるべきです。その労力があるなら、新たに人を雇うほうがより建設的です。

雇用側として最も怖いのは、ある日突然、園に来なくなったまま辞めてしまうことであり、ぎりぎりの人数で回している園なら、こういった事例で法の定める人員配置を満たせなくなって運営停止に陥ります。

そうした事態を防ぐために必要なことこそ、職場環境の風通しの良さです。思ったことを口にできない組織風土や、派閥やお局様といった障壁を取り払い、風通しのよい環境にすることで、人がいきなり辞めるリスクを大きく減らせます。

改革の本丸は、時間外労働の削減と労務管理

多くの園が抱える課題点としてまず挙げられるのが時間外労働の削減です。

保育において、園児たちの世話をする時間は削ることができず、園児たちが帰った後や休日に事務作業をしなければならない保育士はたくさんいます。ここをどうにか改善しなければ、保育士が幸せに働くことはできません。

そこで考えなければならないのは、いかにして事務作業を効率化するかということです。手作りや手書きといった時間を要する作業をできる限りなくすということは、その最たるものでしょう。そのほかに、新たなシステムを導入して日々の記録や集計作業などを自動化すれば、現場の負担は大幅に軽減できます。事務作業を減らしていけば、保育士たちは園児と向き合う時間に全力を注げるようになり、保育の質が上がったり、ミスが減ったりというような効果が期待できます。

組織として必ずやるべきなのが労務管理です。

ただシフトを組めばいいというものではなく、システムを導入して出退勤の時間を明確に把握するような取り組みも含めてです。保育士は、できる限り雇用形態が多様である職場のほうが魅力的です。さまざまな働き方が用意されていることで、無理なく長期的に働き続けることができたり、結婚や出産といったライフイベントに際しても離職せずに済んだりといったメリットが生まれ、人材確保につながります。

そうして多様な雇用形態を設けるなら、労務管理はより複雑化しますから、それに対応する仕組みやシステムの導入は不可欠です。運営者には、昔ながらのやり方に固執せずによいものをどんどん取り入れる姿勢が求められます。例えば報告・連絡・相談の一部をＬＩＮＥなどの電子ツールに変えるだけでかなり現場は楽になります。これならすぐに導入できますし、お金もかかりません。まずは少しずつでも、できるところから始めるべきです。

第3章

保育業界の常識なんていっさい気にしない！

誰の意見も聞かず行った型破りな事業拡大

既得権益に浸かり続ければ、いつか凍死する

インターネットが普及し、世界中がリアルタイムでつながるようになって以来、社会は大きく変化してきました。事業の栄枯盛衰のスピードは速まる一方で、少しでも変化を拒めば時代に置いていかれると感じます。そうした流れの中にあり、10年以上前からその在り方がほとんど変化していないのが保育業界です。

一般的な企業なら、10年にわたって同じようなやり方をしていたらあっという間に競合に追い抜かれ、市場でシェアを奪われてつぶれているはずです。しかし幼稚園や保育園でそのような話はあまり聞かず、何十年もの歴史をもつところがたくさんあります。

なぜ変化せず生き延びてこられたのかというと、そもそも幼児保育は認可事業であり、行政から認められないと入れなかったという過去と関連しています。

行政からの認可は、地域に必要とされる幼稚園や保育園の数をもとに行われてきました

が、事業者の側からすると、一度認可さえ受けてしまえばその地域で独占的に事業ができ、よほど非常識な運営をしない限りは認可を取り消されもしないという、極めて安定したポジションを得られることになります。もちろん社会福祉法人という性質上、一般企業と同じように儲けるのは許されませんが、それでも既得権益のメリットは大きく、何をやっても淘汰されないという安定性が運営を手掛けるうえでの魅力であったと感じます。

ところが近年は待機児童の問題などを背景として、自治体によっては認可の枠を大きく広げ、一般企業でも参入できるようになっています。そこで生まれてくるのが、今までにはなかった競争です。今後、子どもの数は減り続けていくのは確実で、何もしなければ定員を満たすことができなくなりますから、地域外からも子どもを募り、一般企業と獲得競争をする必要が出てきます。

そんな戦国時代に突入しても生き残るためには、経営力が求められます。日本において、教育に携わる領域で事業をするにあたっては「儲けるのが悪」「お金の話はタブー」という風潮がいまだに根強くあります。

しかし利益を重要視する一般企業と同じ土俵で勝負するには、自らもまた経営者としての能力を磨き、組織を固め、業務を効率化し、人材を集めてしっかりと利益を出していかなければなりません。

今後の社会ではきれいごとばかり言って経営を軽視するような園はまず生き残ることはできません。現在のところ多くの社会福祉法人は相変わらず昔のままであり続けるのを正義とし、経営やマネジメントといった発想をもつこともなく、過去を踏襲することばかりに力を注いでいるように私には見えます。

既得権益のぬるま湯はもはや冷たい水に変わりつつあるのに、現実から目を背けて風呂から上がろうとしないなら、行き着く先は凍死です。

生き残りをかけ、園の拡大に着手

私がこのままではいけないと危機感を抱いたのは、理事長に就任して2年目の2008年頃だったと記憶しています。その頃、名古屋では幼稚園や保育園の認可対象を一般企業にまで広げるという話が出てきました。私がそれを聞いてすぐに考えたのは、もしそれが現実になれば、私の園は間違いなく窮地に立たされるということです。

経営視点では当たり前の話ですが、それなりの規模の企業が参入してきたなら、小さな社会福祉法人が立ち向かえるわけはありません。例えば人材募集一つをとっても、資本力を活かして幅広く施策を講じることができ、マーケティングやブランディングの知見もある企業と、限られた収入のなかでなんとかやりくりをしてきて、マーケティングやブランディングをまともにやったことがない社会福祉法人との間に大きな差がつくというのは、容易に想像できるはずです。

その差を少しでも埋め、なんとか同じ土俵に立つための選択肢は、１つしかありません。園を増やし、規模の拡大によって生まれるスケールメリットやブランド力を武器とするのです。

社会福祉法人は一般企業のようにいくら稼いでもいいという存在ではありません。保育園なら定員によって得られる収入の上限が決まっています。また、社会福祉法人の経理は基本的にガラス張りであり、お金を動かす際には行政からの許可が必要となります。運営者が自らの裁量で動かせるお金の額は大きくありません。そうした制限があるからこそ、複数の園をもつという戦略が求められます。

複数の園を展開するメリットはいくつもあります。まずは経営基盤の安定です。仮に1つの園が定員割れになってしまっても、赤字をほかの園で補えれば法人全体として黒字化にもっていけます。いくら行政が認めた社会福祉法人であっても、赤字が3期以上続くと銀行が融資を渋るようになり運営に支障が出ますから、経営の黒字化は極めて重要な課題です。

このほか設備の補修や新たな人材の募集といったコストをねん出するにあたっても、複数の園があるほうが有利です。仮に運営者の裁量で使えるお金が200万円に限られていたとしても、その枠が6園分あったなら1200万円を動かすことができ、必要な投資ができます。おむつなどの消耗品を購入する際にも、スケールメリットを活かして大量に仕入れることでコストを抑えられ、資金に余裕が生まれます。

資本政策に加え、人材のやりくりでも強みが生まれます。どこかで人材が足りなくなっても余裕のある園から人を回すなど、グループ全体で人を動かすことができます。産休などの長期休暇に対しても柔軟に対応でき、枠を空けて復帰を待つといった選択ができるようになり、離職率の低減につながります。

そしてグループが大きくなれば、社会的な信頼感が自然に醸成され、ブランド力がついていきます。それが採用でも有利に働き、人材不足が深刻化するなかでも優れた人材を確保しやすくなります。

こうしたメリットを享受することで一般企業と戦う体制を整えるべく、私は理事長になって3年目には新たな園の構想を描いていました。

たった1人で行ったプレゼンで勝ち取った保育園

とはいえ幼稚園や保育園は、会社と違って自由に作っていいわけではありません。自治体から募集がかかり、そこで選ばれて初めて新しく園を建てることができるようになります。

ただ、私が法人の拡大を志した少しあとから、首都圏では待機児童問題が取り沙汰されるようになり、名古屋でも待機児童の受け皿となる園を新設しようという動きが出て、行政から少しずつ募集がかかるようになっていました。私はこれに対して積極的に名乗りを上げたわけですが、当然ながら最初は新たな園を作るためのノウハウなどはまったくない状態からのスタートでした。募集に応じた事業者は行政に対してプレゼンテーションをして、審査ののちに選ばれるという流れで、私も名古屋市役所5階の審査会場に出向いてプレゼンテーションをすることになりました。

会場には10人を超える審査員がずらりと並び、一斉にこちらを見ました。これはあとで知ったのですが、このような審査を受ける場合には、理事長に加え事務方トップや税理士など4～5人で出かけるのが一般的だそうです。にもかかわらず私がたった1人だったことに審査員たちは驚いたようで、なぜ1人で来たのかと質問を受けました。

私からすればむしろ、なぜたくさんの人を連れていかねばならないのかが分からなかったので、その疑問をそのまま問い返しました。プランすべてが自分の頭の中にあれば1人だけでもまったく問題ないからです。実際、プレゼンテーションに対して審査員からいくつもの質問が飛んできても、そのすべてに私は答えることができました。

特に審査員が問い詰めてきたのは、人材についてでした。新たな園を作るとなると、10人ほどを一気に採用する必要があります。果たしてそれができるのかということが焦点となりました。

私は、キャリアのある保育士を積極的に採用するなどしてきたことを説明し、人材が足りなくなったことはないと言い切りました。採用面接もどこよりも多く実施している自負があったからです。人材を集める自信がなければ、そもそもここに来ることすら考えませんでした。私が胸を張って答えられたのは、職場環境の改善の成果として実際にどんどん人が集まるようになっていたからこそでした。

そのほか、私がまだ20代の若さで、経験が少ないのも不安視されていると感じました。確かに理事長としての実績はライバルたちに大きく劣るはずで、そればかりはどうしようもありません。私にできるのは、とにかく理想を語ることでした。

自分が掲げる理念や保育への思いを伝えたうえで、どうか私にかけてほしいと訴えたのです。私の熱量が審査員たちの心を動かしたのか、応募した３法人から私の園が最終的に選ばれたのでした。2012年に開園したのが、法人として2園目の保育園です。

5年の間に計8施設まで事業を拡大

そこから私は毎年のように園をつくり、一気に組織を拡大していきました。業界で私を快く思っていない人々から、勢いに任せていくつも建てているだけでどうせつぶれるだの、お金儲けを目的に保育をやっているだのと散々なことを言われても、まったく気にしませんでした。誰にも意見を求めず、ただ自分が信じる道を迷わず進んでいきました。

急拡大できた理由の一つに、行政からの募集に対してとにかく柔軟な発想で臨んだことが挙げられます。例えば2013年に開園した保育園は、倉庫を改造して学び舎としたことによって建築コストを抑え、短期間での開園を実現することができました。

2015年開園の保育園に関しては、私が土地を探し出して個人で買い取り、それを法人に貸し出すという独自のスキームで建てたものです。行政が最重要地点と定める地域での建築プランを提案することで園新設の可能性が高まるため、いかにその範囲で土地を用意するか、アイデアが問われます。こうして募集条件にうまく対応し、かつスピーディーにハードを整備していきました。

幼稚園や保育園を建てる際、安全性の担保がなにより重要であり、当然ながらそれを十分に満たさなければならないのは前提ですが、それ以外の建築条件については私にはこだわりはありませんでした。箱よりも、そこで働く人々のほうを重視しているというのは今も変わりません。

ただ、立地については慎重に考慮しました。私が決めていたのが、新興住宅街にはいっさい手を出さないということでした。一斉に住宅が建ち、ファミリー世代が大挙して押し寄せる新しい街は、確かに最初は爆発的な保育需要が見込めますが、10年も経てば子どもたちはいなくなり、需要が先細るのが目に見えています。それよりも幅広い世代が住む昔ながらの地域のほうが継続的な需要が見込めるため、そこを狙うという戦略です。

また、ほかの自治体が管轄する地域には進出せず、名古屋だけでニッチにやるということも決めていました。実際、過去には愛知県知多市の公募に応じ、８００坪、園児１５０

人規模という大きな保育園の計画を立てたこともありました。しかし結局、その案件は獲得できず、その後の新たな募集でも落選が続きました。採用された事業者は、いずれも地域に根を張っている老舗ばかりでした。そこで私が感じたのが、新たな地域に進出するなら、相応の根回しが必要になるということでした。そして、そんな労力をかけてまで新たな地域へ打って出ずとも、地の利がある名古屋だけで十分にやっていけるというのが私の結論でした。

2016年には、2つの保育園を立ち上げました。もともと2つの園を運営していたところから、こうして5年の間に幼稚園1園、保育園7園を運営するところまで拡大したタイミングで、私はようやく一般企業と戦う体制が整ったと感じました。

2016年は、まだまだ待機児童問題が取り沙汰されていた時期で、行政からの募集も多く出ていたこともあって拡大戦略に乗り出す社会福祉法人が現れました。そんななか、私はぱったりと拡大を止めることにしたのです。この時に、できる限り園を増やそうという方針でさらなる拡大を進めたなら、おそらく20園ほどまでは大きくできましたが、あえてそれをしなかったのには理由があります。私は、あくまで自分がコントロールできる範囲で運営をやりたかったのです。

トップダウンで管理できるのは多くても10園だろうというのが私の実感です。それ以上になると自分1人では統率するのが難しく、ほかに管理者を置かねばなりません。そうして指揮系統が一本化できなくなると、理事長派、副理事長派といった派閥が生まれる可能性もあり、結果として自分の理想とする保育や組織運営ができなくなるリスクが出てきます。

もし私がお金儲けをしたいなら、20園や30園への拡大を目指すべきでした。園が多いほどスケールメリットが生まれ、自らの給料を上げることも可能だからです。ただ、そもそもお金儲けに専念したいなら、私は幼児保育の世界からはとうに身を引いています。行政からの制約が付きまとう社会福祉法人でなんとかお金を稼ごうと考えるより、株式会社を経営したほうがよほど夢があります。

なぜそうしないかといえば、私にとって保育園の経営は職業ではなく、生き方だからです。幼児保育の世界で自らの理想を実現し、よりよく変えていくというのが私がやりたいことであり、お金儲けを目的としてはいないのです。

共働き世帯に立ちはだかる「小1の壁」

法人としての拡大は2016年で一区切りさせましたが、その後、実は一つだけ新たな施設をつくりました。それが2018年に開校したアフタースクールで、法人としてではなく新会社を設立し、運営しています。

アフタースクール設立のきっかけとなったのが「小1の壁」といわれる社会課題です。これは、共働きやひとり親世帯で子どもの小学校入学から仕事と育児の両立が難しくなるという現実を指し、親の4人に1人が退職や転職を選ぶというほど切実な問題となっています。

保育園時代よりも小学校入学時のほうが子どもにかける時間は少なくなっているはずなのに、なぜ仕事との両立が難しくなるのか、疑問に感じる人もいると思います。保育園では、夜間の延長保育を利用すれば朝7時から夜19時過ぎまで子どもを預けることができ、その間の食事や遊びなどもすべて保育園に任せられます。

しかし、小学校に入学すればそうはいきません。入学してから1週間から2週間ほどは、児童たちは午前中で帰宅し、なかには1カ月間、午前中のみしか授業がない学校もあります。その後、給食が始まっても1学期だと週に1日は13時過ぎに下校する日が出てきます。祖父母など親族に頼る相手がいる場合を除き、そうした状況に対応するには親がいかに仕事を調整するのか、小学校が終わった後に子どもを預けられる施設をどう探すかということが課題となります。

ただ、学童保育の施設の数は全国的にまだまだ少なく、需要に対し明らかに不足しています。厚生労働省が２０２０年に発表した「放課後児童健全育成事業（放課後児童クラブ）の実施状況」によれば、学童を利用したくてもできなかった学童待機児童は1万５９９５人です。地域別では、東京都（３２６２人）、埼玉県（１６６５人）、千葉県（１４４４人）と首都圏で目立つものの、北海道から沖縄まで待機児童はまんべんなく存在し、全国で課題となっている実態が見て取れます。仮に、運よく近隣の施設に預けられたとしても、公設の学童保育施設の多くは18時に閉所し、19時までの延長保育に対応しているところはごくわずかです。

小学校での学習についても、幼いうちは自分だけで宿題や勉強をするのは難しく、誰かがサポートしなければなりません。しかし公設の学童保育の現場では、指導員は１人で20人もの子どもを見なければならず、子どもたちを個別にフォローできるほどの余裕はないものです。学習のサポートは必然的に家庭に任され、フルタイムの仕事をできる限り早く終わらせて18時には子どもを迎えに行き、ご飯やお風呂といった世話をすればあっという間に就寝時間が迫ってきて、勉強の時間をつくるのすら難しいのです。

２００９年の育児・介護休業法の改正で、企業は３歳までの子どもを養育する労働者に対し、１日の所定労働時間を原則６時間にする「育児短縮勤務」を実施することが義務付けられました。３歳以降も、小学校入学の初期（６歳の誕生日以降の３月31日まで）を対象に育児短縮勤務を認めることが努力義務とされているため、保育園時代には早めに子どもをピックアップできた人も多いはずです。

しかしそれも小学校に入るまでの話で、そのタイミングでフルタイム勤務に戻るのか、あるいは転職や退職をすべきか、選択に悩む親がたくさんいます。さらに子どもたちにとっては待ち遠しい夏休みも、親にとっては恐怖の期間となります。約40日間にわたって小学校が休みになり、その間、子どもの面倒をどのように見るかが大きな課題です。学童保育の施設があれば長期休暇にも預かってはくれますが、なければ仕事との両立は相当難しくなります。

結果として、保育園を卒園してからフルタイムの仕事に復帰したものの、限界を感じ始めたところで夏休みを迎え、退職を決断するという人（主に母親）が数多くいる現実があるのです。

オールインワンアフタースクールという解決策

小1の壁については、私も以前からよく聞いていました。子どもたちが保育園を卒園するタイミングになると、保護者から必ずといっていいほど不安の声が上がってきていました。さらには、実際にフルタイムで働くのを諦めたり、常に早く帰るので職場に居づらくなって転職したりと、小1の壁に阻まれた人の話も耳に入ってきたのです。

最も身近なところでは、夫婦共働きで双子を育てている私の妹が、家族の時間がとれないと嘆いていました。日常ではできない学習のサポートや習い事を土日に全部詰め込んでいるため、旅行もまともにできず、団らんの時間が減ったといいます。

このような悩みに接し、私は2012年頃から小1の壁を越えるための新たな施設を構想していました。目指したのは、通えば学校の授業に十分ついていけるようになり、かつ一般的な習い事もできるアフタースクールで、私は「オールインワンアフタースクール」と名付けました。

具体的にどのようなものかというと、例えば平日の時間割としてはまず学校が終わる14時から15時に指導員が車や徒歩で迎えに行き、アフタースクールへと引率します。15時から16時は学習の時間で、宿題や予習復習など学校の課題を中心にこなします。その後、おやつの時間を挟んで17時まではフリータイムで、子どもたちは公園などで好きに遊び、17時からは英語教室や体操教室など、曜日ごとに用意されたカリキュラムを1時間ほどこなします。18時からは帰宅時間となり、読書をしたり、要望があれば夕食を提供したりして、最終的に施設が終了するのは19時となります。夏休みになれば預かる時間はさらに延び、朝8時から9時に来てもらって、食事や遊びだけではなく勉強や運動の時間もしっかりとりながら、19時まで充実した時を過ごしてもらいます。

アフタースクールは塾ではないのでエリートを育てるのを目的とはしていませんが、毎日通ってカリキュラムをこなせばそれなりの学力がつき、学校で落ちこぼれることはなくなります。習い事についても土日に詰め込む必要がなくなり、家族団らんの時間が増えます。

オールインワンアフタースクールの構想を実現するにあたり、私は最初、社会福祉法人としてつくるつもりでした。卒園児たちにとっても両親にとっても、通いなれた保育園と併設してアフタースクールがあるほうがより安心できると考えたからです。

プランを行政に持ち込んだところ、担当者は難色を示しました。理由を聞くと、結局は「社会福祉法人がアフタースクールをやった前例がないから、定款の変更は認められない」という趣旨の話だったのです。

それでも私は必要性を訴え、粘り強く交渉を続けましたが、2年経ってもまったく状況が変わらないのにはほとほと愛想がつきました。こうしている間にも、小1の壁にぶつかって困っている人はいるのです。そこで社会福祉法人として運営するのは諦め、新たに株式会社を設立する運びとなったのです。

理念が組織を一枚岩に変える

こうして私は、現在8園とアフタースクール1校を運営するところまで組織を拡大してきました。しかし、いくらスケールメリットがあるからといって、ただやみくもに公募に手を挙げ、施設を作ってもうまくいかないのも事実です。一般企業が事業を拡大していくのと同じように、保育事業の拡大にあたってもしっかりとした経営戦略が求められます。

拡大の面で最も重要であると私が位置づけているのが理念です。組織の人数が増えればそれだけ意思統一が困難になりますが、全員が同じ方向を向いて歩んでいかねば、組織として力を発揮できません。

理念という言葉を辞書で引いてみると「ある物事についての、こうあるべきだという根本の考え」といったような意味が示されています。法人でも、理念とは「私たちはこうあるべきだ」という根本的な存在理由を示すものであり、経営者の思いや価値観のすべてが込められた、いわば法人にとっての魂そのものです。

理念がしっかりと定まり、明文化されていると、それはその組織で働く人々の共通の指標として機能します。同じ理念を掲げて働く職員たちの間には、親近感や一体感が生まれやすく、組織が一枚岩になっていきます。理念を通じ職員一人ひとりが組織の進むべき方向を理解し、各自がそれに基づいて自律的に判断できるようになると、業務における意思決定のスピードが各段に速まり、あらゆる領域で生産性が向上します。

また、理念を通じて自分たちの目指す未来や、仕事にかける情熱を外部に発信していくと、それがブランディングにもつながります。幼児保育の世界では、保育の内容自体はどこもそう大きく変わらず、それだけで独自性を出すのは難しいですが、そこに理念が加わることで独自性が生まれ、競合との差別化が可能となります。

このような理念の力は、すでに成功を収めている大企業からも学べます。例えば、Ｅコマースで世界中を席巻し、売上規模50兆円にも及ぶＡｍａｚｏｎは、「地球上で最もお客様を大切にする企業になること」という理念を掲げています。今や誰もが知る大企業にも当然、創業時代があり、Ａｍａｚｏｎも最初はオンラインの書籍販売サービスの会社としてスタートしました。そこから現在まで拡大の一途をたどってきたわけですが、ここで注目すべきは、元が本屋であったにもかかわらず理念に一言も本という言葉がないことです。なぜかといえば、Ａｍａｚｏｎの経営陣は、最初から自分たちを本屋であると位置づけていないからです。事業の主体はあくまでＥコマースであり、本は一つの商材に過ぎないと考えており、この価値観こそが理念に込められていると感じます。

そしてＡｍａｚｏｎで働く社員たちにも理念が共有され、組織としても新たな商品を積極的に扱うという方向性に進んでいった結果、あらゆるジャンルの商品はもちろん、映画や音楽の配信サービスなど、顧客にとって有益なものはなんでも手掛ける世界的大企業に成長していきました。すなわち現在の繁栄へと会社を導いたのは、紛れもなく理念なのです。

世界トップクラスのラグジュアリーホテルとしてその名を知られるリッツ・カールトン

も、理念によって成長を遂げてきました。「ゴールド・スタンダード」と呼ばれるリッツ・カールトンの企業理念は、クレド、モットー、サービスの3つに分かれ、さらに理念を体現するための行動指針としてサービスバリューズが定められています。この理念と行動指針は、入社後のオリエンテーションからしっかりと説明され、スタッフは全員ゴールド・スタンダードを記したカードを常に携帯し、出勤時にその読み合わせをするなどして、浸透が図られています。また、理念を体現する行動をとったスタッフには称賛や特別な報酬が与えられるといった仕組みもあるそうです。

こうして全社員が理念と行動指針を理解し、迷うことがあればゴールド・スタンダードに立ち返り、トラブルが起きてもいちいち上司に確認することなく最良の行動をとることによって、組織全体のクオリティを高めているのです。なによりスタッフが企業理念に誇りをもっているということこそが、世界最高といわれるサービスを生み出すエンジンとなっているのだと感じます。

理念を成功の原動力とする企業に共通しているのが、ただのお題目で終わっておらず、社員にしっかりと浸透させているという点です。社会福祉法人も、拡大を目指すのであれば合わせて理念を浸透させる機会や仕組みをつくるのが非常に大切になります。

理念の基本的な構成要素としてよく挙がるのが「ビジョン」「ミッション」「バリュー」です。ビジョンとは組織として目指す将来像、ミッションは組織の存在意義や使命、そしてバリューは各人がもつべき信念を表します。これらをトップがしっかりと加味したうえで、自らの法人の魂となる理念を生み出す必要があります。

ちなみに私が掲げている理念は「遊ぶために働け」です。この一言に、組織としての在り方、職員の在り方はもちろん、これまで説明してきたような私の過去や保育に対する思いのすべてが集約されているのです。

保育業界に欠けているマネジメントという視点

理念を明確化できたなら、事業拡大のための最低限の基盤が整ったことになります。あとはひたすらそれを職員たちに発信し、こつこつと浸透を図っていきます。

事業の拡大を進めるにあたって私は、とにかく理念を伝え続けました。それが広がりゆく組織をつなぐ鍵となると理解していたからです。理念や思いというのは、最初から伝わることなどまずありません。伝わらないのが前提、分からないのが普通と考え、しつこいくらいに繰り返して話すというのがポイントといえます。

そのほかに意識したのが、トップダウンの徹底です。幼児保育の業界では、事業者の多くが家族経営であり、それぞれが一国一城の主として独自に統治をしているというのはすでに述べたとおりで、家族経営で起こりがちなのが指揮系統の分裂です。理事長が夫、副理事長が妻、そして息子夫婦がそれぞれ園長を務めるような園はたくさんあります。家族関係がうまくいっているうちはまだいいのです。しかし、一度こじれてしまうと骨肉の争いに発展することが多く、結果として園内は理事長派、園長派といった派閥が生まれ、ダブルスタンダードやトリプルスタンダードという状況が起きてきます。そこで働く職員は当然、混乱してしまって組織としても弱体化します。

そんな事態を避けるためにも、10園に満たない規模の組織であれば、頭脳は１つでいいというのが私の考え方です。自らがすべてに責任をもち、誰の意見も聞かずに自分だけで判断を下し、トップダウンで明確に指示を出していくことで、組織の拡大期でもしっかりと統制を取っていくことができます。

トップダウンを徹底するなら、まずは自らの軸がぶれないようにしなければなりません。判断基準がころころ変わり、昨日と今日で言っていることが違うようなトップは職員から信頼されず、いくらトップダウンを貫こうとしても職員たちとはうわべだけの関係になってしまって改革は進まないものです。

そうして自らが先頭に立って理念を発信し、自分の力で改革を進めていくというのは経営者の役割であり、経営者にしかできないことです。役割という点でいうと、経営者は園長や担任とは明確に違うポジションです。理事長のなかには現場に立つのにこだわり、よき教育者、よき保育者であろうとしたがる人がよくいますが、それはトップの役割ではありません。経営者が考えるべきは、組織の管理や、ヒト、モノ、カネというリソースの分配、すなわちマネジメントであり、保育士の資格を活かして働くことではありません。

保育業界では、マネジメントの発想をもって経営に取り組んでいるトップが圧倒的に少ないように感じます。確かに過去には、特にマネジメントを意識せずとも、ただそこに園があって運営しているだけで経営が成り立ちました。何もせずとも地域の子どもたちがやってきて、ハローワークや養成校に募集をかければ職員も見つかり、行政からは確実にお金が入ってくるという状況で、保育のことだけを考えていればそれで問題ありませんでした。

しかし、それはすでに過去の話です。これからは各園が生き残りをかけ、しのぎを削る戦国時代に突入していきます。すでに保育士の人材獲得競争が起こっていますが、今後はさらに、他の園との差別化や、効率的な運営によるコスト削減など総合的にマネジメントしていかなければ、生き残ってはいけなくなります。

ブランディング戦略が、今後の命運を左右する

数あるマネジメント要素のなかでも、保育業界が特に苦手としているのがブランディン

グです。幼稚園や保育園のホームページをのぞいてみると、それがよく分かります。

子どもたちの心を大切にする、温かみのある保育、親の支援、アットホーム、のびのび育てるといったような文言がどのホームページにも並んではいるものの、いったい何がその園ならではの特徴であるかはっきりとは分からない状態です。もちろんこうした理念が間違っているわけではありませんが、ブランディングの観点からいうと、これでは到底差別化できません。

私がブランディングに力を入れ始めたのは2018年前後です。事業の拡大がうまくいき、経営は順風満帆で、周囲の人々からは「もっと園を作ればどんどん儲かる」と言われていた時期でしたが、私は拡大をぴたっと止めました。そしてその代わりに、グループ全体のブランド化に投資をすると決めました。

確かに待機児童問題の解消という追い風はまだ吹いていましたが、一方で少子高齢化によって近い将来、確実に子どもが減るという事実から、やみくもに拡大を続けてもいずれ立ちいかなくなるだろうという経営判断がありました。そして子どもの数が減ったときこそ、いかに選ばれる園になるか、すなわちブランディングへの取り組みがモノをいうことになると考えてのことでした。

なお、幼稚園や保育園に適したブランディングの手法は、一般企業とはやや異なります。社会福祉法人が運営する幼稚園や保育園は定員が決まっており、いくら経営者が努力をしても一定以上の収入を得ることはできません。これは逆にいうと、ＢtoＣのビジネスのようにできる限り多くの人を顧客にする必要はなく、地域で少数のコアなファンさえ獲得すれば経営が維持できるということです。したがってブランディングでも、できるだけ幅広い人々の好感度を得るというよりも、好き嫌いが分かれるけれど一部の熱狂的なファンを獲得するような手法が適しているというのが私の考えです。

そこで私が発信を始めたのが、あだ名として呼ばれていた「波乗り理事長」、そして保育士ファーストを前提とした「型破り保育」といったキャッチフレーズでした。全国に園は数あれど、理事長がサーファーという例は聞いたことがありませんでしたし、保育士ファーストという考え方も、業界の常識を覆すものでした。こうして他の園と違う部分を強調して発信し、唯一無二の存在に仕立てていくのが、ブランディングの基本であるといえます。

また、ブランディングにおいては、中長期的な視野に基づいて普遍的な強みを打ち出すということが、一つのポイントとなります。現状だと、どの園も保育内容で差別化しようと試み、苦戦しているように思うのですが、それを実現するのは困難です。例えばはやりの教育方法を取り入れ、打ち出したとするなら、確かに一時は差別化できるでしょうが、同じやり方をする園が現れるほど独自性は薄れていきます。また、教育方法によるブランディングが成功して知名度が上がるほど、その教育方法が廃れてしまった時に「時代遅れ」「古臭い」と思われてしまい、ダメージが大きくなります。

はっきりいうと、私が運営するどの保育園でもほかにはないような特別な保育をしているわけではありません。保育内容で大きく差別化を図るのは難しいです。そこで視点を少し変えて、園で働く保育士にスポットを当てた新たな方向性でのブランディングを行ってきたのです。

園長という役職はもういらない

保育業界では、経営者だけではなく管理職においてもマネジメントの意識が低いと感じます。例えば園内唯一の管理職ともいえる園長については、その園にずっと勤めてきたたたき上げの人材を抜擢することも多いと思います。しかしそういう人物の多くは、子どもが好きで現場の仕事に喜びを感じて働いてきたわけで、必ずしもマネジメントに適しているとは限りません。能力の面で管理に向いているとこちらが思っても、本人がその役職に乗り気ではないということがよくあります。

こういう、いわば現場保育のスペシャリストにマネジメントの立場に就くことを強いた結果、何が起きるかというと、園長でありながら現場にも出続ける「スーパー園長」が誕生します。有能とはいえないまでも最低限の園の管理は進めつつ、現場で一担任に手とり足取り保育についての指導をし、園の顔として八面六臂の大活躍――こう聞くとすばらしいことに思えるかもしれませんが、私からすれば園長が目立っている状態は最悪です。すべてを園長に依存してしまうと、その人がいなくなったときに代わりを務められる人がまず見つかりませんから、持続性という点で疑問符がつきます。また、そういった環境下では働く職員たちにも主体性が生まれず、モチベーションも上がりづらくなります。

園長ではなく、現場の担任たちが最も目立っている園というのが、私の理想です。園長はむしろ影の存在としてマネジメントに徹し、担任を下支えするというのがあるべき姿だと思います。したがって園長となる人材も、長年現場を務めたスペシャリストからではなく、マネジメントの専門家から選ぶというのがベストです。

実は保育園の園長の仕事は、保育に関する資格がなくとも務まります。法律上、資格がなければならないのは担任だけで、園長になるのは禁じられてはいません。ですから園長には、例えばホテルの支配人の経験者など、一般企業でマネジメント能力を磨いた人がなるのが望ましいのです。保育のキャリアとマネジメント能力を兼ね備えた保育士を探すのは極めて難しいものですが、他業種のマネジメント経験者まで採用を広げれば、人材はかなり見つかりやすくなります。

さらに一歩先の話をすれば、園長という職種自体をなくしてしまってもいいと私は考えています。各園に園長を置くのではなく、外部からマネジメントのプロを招いたうえで3～4園を統括するエリアマネジャーとなってもらいます。保育業界でいうと、3～4園を1人で回すというのはおよそ無理に思えるかもしれませんが、それは「園長として現場も見る必要がある」という固定観念からくる発想です。マネジメントに特化したプロフェッショナルであれば、3つや4つの小規模組織を運営するのは造作もないことです。

保育のキャリアの長い人材から園長を選ぶとなると、人件費は当然ながら高くつきます。仮にその給料が600万円だとして、8園を運営する社会福祉法人があるとするなら、各園に園長を置いた場合の人件費は4800万円です。しかしそれを廃止し、代わりにエリアマネジャーを2人置くとすれば、その給料が800万円ずつであったとしても、3200万円の人件費が削減できます。そのお金があれば、300万円から400万円の給料をとる保育士を8人は新たに雇うことができ、保育の質を高めることができます。

ずっと現場で働きたい職員にとっても、マネジメントへ無理に昇進せずにやりたい仕事を続けられるほうが幸せでしょうし、人手が増えればそれだけきめ細やかな保育が行えます。園児たちの環境もよくなりますから、まさにいいことずくめです。

あえて正職員の割合を高め、負担を分散

運営で最も大きなコストである人件費については、いかにして抑えるか各園が頭を悩ませていると思います。最もよくあるコストダウンの方法は、パート職員をできるだけ増やし、正職員の割合を低くするというものです。確かに正職員を1人雇うお金で、パート職員なら2人雇えますから、コストを抑えることができます。こうしたやり方は実際にかなりの数の園で採用されており、正職員よりもパート職員の数のほうがはるかに多いというのが、ある意味で当たり前の光景となっています。

しかし実は、この構造にも保育業界が人材不足に陥っている理由が隠れています。パート職員が担当するのは、基本的には日中の業務です。特に家庭がある職員なら、朝晩は家事や自らの子どもたちの世話に追われますから、日中しか働けるタイミングがありません。

したがってパートとして入りながら、早番や遅番を率先してやりたがる人はほとんどいないのです。そうすると、必然的に早番や遅番は、フルタイムで働く正職員に回ってくることになります。早番や遅番ばかりのシフトだと、家庭をもちながらこなすのは極めて難しくなります。だからこそ正職員として勤務している多くの職員が、結婚を機に仕事を辞めてしまうのです。そしてまた、復職の際にも正職員ではなくパートを選ぶことになります。

こうした構造を私はずっと問題視し、保育業界では異例ともいえるほど正職員の割合を高めてきました。現在、グループ内で１５５人いる職員のうち１３５人は正職員として働いています（２０２２年1月現在）。正職員が多ければ当然、人件費は上がります。その人件費をねん出する際に、複数園を経営するスケールメリットが生きてきます。複数の園を経営することで業務の負担はバランスよく分配され、家庭をもちながらも働ける環境をつくることができます。実際、私のグループで働く職員の7割以上が既婚者です。

このように、職員が心地よく働ける職場をつくるという〝人への投資〟は惜しまずにやらねば、せっかく来てくれた保育士もすぐに離れていってしまいます。新たな人材の採用にばかり熱中し、広告会社に高いお金を支払うよりも、今いる職員たちを大切にして、少しでも長く働き続けてもらうほうが、間違いなく効率的です。極端な話、1人も辞めなければ採用にかかるコストはゼロになるわけです。人への投資をしっかりとしていくことが人材不足解消のための一つの鍵となります。

私は、職員たちのバランスにもとことんこだわっています。多くの園では、ベテランが2〜3人であとは若手保育士、中堅どころはほとんどいないという構成となっていると思います。しかし私はあらゆる年代層をできる限りバランスよく配置するようにしています。

その理由は大きく2つあります。まずは、さまざまな年齢層の職員がいることで保育の幅が広がるということです。世代ごとに異なる価値観や多様な考え方に触れるほうが、子どもたちの感性が豊かになると私は考えています。

次に、後継者の育成です。ベテランが自らの部下を育て、ポジションを引き継ぐというのが組織の理想的な新陳代謝の在り方ですが、若手保育士ばかりではそれが難しくなります。一般的な企業でも同じですが、キャリア2年目、3年目でいきなりベテランの役職につくのは無理な話です。やはり人材はベテラン、中堅、若手の三者がバランスよく混在している形が理想です。

第4章

保育士が足りなければ他の業界から引き抜けばいい！

現役のアスリートをスカウトする型破りな雇用

人材不足に悩む保育業界

厚生労働省の発表によると、２０２２年4月時点での保育士の有効求人倍率は1・98倍となりました。全職種平均は1・17倍ですから、保育士がどれほど不足しているのかという現状が見て取れます。２０２２年に限った話ではなく、保育士の有効求人倍率は長きにわたって高い水準で推移してきています。保育業界にいるなら、人材不足がいかに深刻か、嫌でも思い知らされます。

ただし、この人材不足はすなわち保育士の数が少ないことを指すわけではありません。厚生労働省の「保育士の現状と主な取組（２０２１年）」によれば、保育士登録者数は約１５４万人であるのに対し、実際に従事する者の数は約59万人であり、資格がありながら保育の仕事をしていない潜在保育士が95万人程度いると考えられています。さらには、資格を取って学校を卒業した人のうち約半数は保育園に就職しておらず、有資格者の半分は保育士として働くことを望んでいないといった話もあります。

せっかく保育の世界に飛び込んできても、離職する人があとを絶ちません。同資料によれば常勤の保育士の離職率は９・３％となっています。そして経験年数に反比例するように保育士の数は減っていき、長く働き続ける人が少ないという傾向もあります。

これらのデータから分かるのは、結局のところ資格保有者でありながら保育園で働くことに魅力を感じていない人たちがたくさんいて、それが人材不足の大きな原因となっているということです。

ではなぜ魅力を感じないのかというと、同資料の「過去に保育士として就業した者が退職した理由」という項目を見れば「職場の人間関係」が33・５％で最も多く、次いで「給与が安い」（29・２％）、「仕事量が多い」（27・７％）、「労働時間が長い」（24・９％）となっています。

保育業界は極めて閉鎖的で、人間関係もまた閉じたものになりがちですから、それで悩む人が多いのはうなずけます。給料に関しては、国によって年々その額が引き上げられていますが、まだまだ十分とはいえません。仕事量や労働時間については、子ども神話や自己犠牲が当たり前という風潮により、労働環境が悪化している傾向があります。

これらをなんとかしなければ、人材不足の解消は進まないというのが私の考えです。私の保育改革も、必然的にこれらと結びついたものになっています。例えば人間関係については派閥の解消やトップダウンの徹底によって風通しを良くしましたし、労働環境の改善にも力を入れてきました。

人材不足の問題は、ただ働き手が足りずに施設が運営できないという話だけにはとどまりません。２０２２年11月末、衝撃のニュースが全国を駆け巡りました。とある保育園で、保育士が園児を虐待し、暴行容疑で逮捕されたのです。

虐待は日常的だったようで、もちろん同僚たちは気づいていましたが「誰かに言えない状況だった」「見て見ぬふりをした」と、上司の顔色ばかりうかがう風通しの悪い組織風土が、虐待行為を助長させていた可能性があります。また、すべての責任をとるはずの園長は、職員に土下座してまで公表を免れようとし、全員に「業務中に知り得た情報や機密事項を漏えいしない」という誓約書に署名させたといいます。これこそが人材不足の弊害の最たるものであり、問題のある保育士でも辞められると困るため、なんとか守ろうとし、その結果として極めて不適切な保育がはびこっていくのです。

こうした状況の一番の被害者は、言うまでもなく子どもたちです。人材不足をできる限り早く解消しなければ、同様の事件が再び起きる可能性は十分にあります。

ＳＮＳを活用した採用戦略に活路

では各園がいったいどのように人材不足と向き合えばいいのかというと、職場や労働環境の改革をしていくのに加えて、採用活動自体を見直し、過去の常識に縛られることなく新たな発想で臨む必要があります。私は２０１０年頃から新卒の採用よりも中途採用に力を入れてきました。採用にあたってはすべて自分で面接を実施し、現在でも年間で60人から70人の候補者と面接をし、10人から15人というペースで採用しています。

こうした採用活動は一定の成果をあげてきたものの、そもそも「この園に入りたい」という意志をもつ保育士をどう探すかという点に課題がありました。ブランディングに力を入れ始めたのも、グループとしての知名度を向上させ、保育士に知ってもらう狙いがあってのことです。

保育業界で定番の求人先といえばハローワークであり、無料で活用できるというメリットはありますが、なかなか採用にはつながりません。そこで求人広告も併用して募集をかけるといったやり方も多くの園が行っていると思います。私もこれまでいくつかの求人広告に投資してきました。

主な掲載先はインターネットで、以前はそれなりの効果が上がっていましたが、2018年頃にはそれだけでは人が集まらなくなりました。あらゆる会社がこぞってインターネット広告を出すようになり、圧倒的な資本力を背景に何千万円も求人広告に投資できるような大企業とも同じ土俵に立たねばならなくなった結果、埋もれてしまったのです。

そのため、大企業と争わずに済み、コストが安く、かつ効果的な求人広告を求めて私はさまざまな媒体をチェックしていった結果、たどり着いたのがＩｎｓｔａｇｒａｍの活用でした。今でこそＩｎｓｔａｇｒａｍを使った求人戦略は当たり前のものになっていますが、当時はまだまだ一般的ではなく、おしゃれな美容室が少しやり始めていた程度で、保育業界ではどこも手を出していませんでした。また、同時に目を付けたのがＬＩＮＥで、それぞれ採用専用の公式アカウントを作成し、２０１９年から運用を始めました。

運用にあたって最初から決めていたのは、保育内容は書かないということでした。一般的にいって、採用が目的なのに事業内容を説明しないことなど考えられません。保育業界でも、ほとんどの園の求人には保育内容が書かれています。

しかし私からすれば、むしろそのほうが非効率に思えます。国家資格の保有者である保育士は、その勉強の過程で自らが取り組むべき保育の内容を理解します。資格取得後、どの園に入るにせよ、そこでの仕事のイメージは描けているものです。そんな相手に対し、改めて保育内容を訴えたところで、さして響きません。

限られた文字数で情報を伝えねばならないなら、保育内容の記述は不要です。そこに書くべきことは、「この園に来たら、こんな生活が待っています」「仕事もプライベートも両方楽しめる働き方ができます」といった、求職者が気になるであろう独自情報です。

Ｉｎｓｔａｇｒａｍ活用のコツとしては、伝えるべきテーマを１つに絞ったうえで、毎日こつこつと投稿を続けていくのが大切です。私の場合、保育士ファーストという考え方に基づき、楽しい毎日を送れる職場であるということを繰り返し伝えてきました。また、ハッシュタグは多ければ多いほどよいので、上限である30個を必ずつけるようにします。そしてＩｎｓｔａｇｒａｍのプロフィール欄には、コーポレートサイトや求人サイト、ＬＩＮＥの公式ページへのリンクを付けるのも忘れてはいけません。なお、ＬＩＮＥは面接の日程調整や、履歴書のやり取りなどに活用します。

こうした施策の効果はすぐに上がりました。ＩｎｓｔａｇｒａｍとＬＩＮＥ、そして求人サイトを併用して運用したところ、最初の1年半だけで約１５０件もの問い合わせがきました。そしてその6割以上は、Ｉｎｓｔａｇｒａｍ経由のものでした。そのうち40人ほど面接をして、約20人を採用しました。

採用コストに関しては、1人あたりの採用単価が5万円を切ったこともあります。人材紹介会社に頼めば、採用した保育士の年収の20～40％もの紹介料がかかることを考えれば、極めて安く抑えられています。

なお、現在ではＩｎｓｔａｇｒａｍでの求人もかなり広がってきています。いまだ効果はありますが、この先どうなるのかは未知数です。そこで私は、次なるメディアとして

ＹｏｕＴｕｂｅに注目し、２０２０年から投稿を始めました。現在では、ＹｏｕＴｕｂｅを見て興味をもったという問い合わせがどんどん増え、ＹｏｕＴｕｂｅ経由での採用も出てきています。今後の採用戦略に欠かせない存在になりつつあります。

人と会い、縁をつなぐことの大切さ

私の採用活動のポリシーは、できる限り人と会うことです。面接は年間を通じて実施しており、土日でも平日の夜でも時間をつくるようにしています。職員の数が上限に達していても、たとえその時に求人を出しておらず、採用の可能性がほとんどないタイミングであっても、それを告げたうえで相手が望めば面接をします。問い合わせに対しては私からそう声をかけることもあります。

採用の予定もないのに面接するなど、一般的にはまずありません。しかし、せっかく興味をもってくれているのに、タイミングが合わないだけでスッパリと断ってしまえば、そこでその人との縁は切れてしまいます。人材不足のなか、とてももったいない話です。

興味をもってくれた人との縁により、窮地を脱したこともあります。2012年3月、すでに園では担任のクラス発表を行い、新年度の人材配置は固まっていました。そんな折、1本の問い合わせがありました。連絡をくれた相手は50代半ばで、一度は保育の世界から身を引いたけれど、私がやっている型破り保育について興味をもったのだといいます。

その時点ではもう担任発表が終わっており、採用の予定はなかったのですが、私はいつものように相手の気持ちをうかがったうえで面接をもちかけました。私の提案に相手も乗り気で、面接をする運びとなったのです。

職員のなかには私の意図が理解できず、疑問を投げかけてくる人もいました。確かに時期外れで、職員のバランスを考えても50代のベテランがどうしても必要という状況ではありません。しかし私は、自分の園に興味をもち、気に入ったといって問い合わせをしてくれた経験者との関係を、電話口だけで切ってしまうのはもったいないと思ったのです。その職員には最後まで納得してもらえなかったのですが、ともかく私は面接をして、実際に問い合わせの相手と顔を合わせました。そしていろいろな話をしたうえで、この次に求人を出すことがあればぜひ改めて応募してもらいたいという気持ちを伝えて、その日はそれで終わりになったのです。

その後、新年度を迎える直前に、担任をもつ予定だった保育士の１人と急に連絡がとれなくなりました。あと数日で代わりの人を見つけなければならないという緊急事態に際し、私はすぐに、面接をした50代の保育士に連絡を入れました。そして承諾してもらい、急きょ、その人を職員として迎え入れて、なんとか事なきを得たのでした。もし最初に問い合わせがあったときに、すげなく断って電話を切っていたら、そんなにスムーズにことが運んだかどうか分かりません。面接までしなくても連絡先だけ聞いておくなどすれば、こういう急場での人員補充は間に合ったかもしれませんが、それでは実際に働いてもらうにあたってどういう人なのかまでは分かりません。私は一度面と向かって会って話していますから、あの人なら大丈夫そうだという確信もある程度もつことができました。

そうして入職してくれたベテラン職員はグループ内の園長までキャリアアップした実績があります。このように縁を大切にしたことで、人に恵まれた経験を私は何度もしています。それもまた、できる限り人と会うポリシーを体現するうえでの原動力となっています。

面接の内容についても私の質問は独特であるとよく言われます。保育士たちに聞くところによると、一般的な面接は保育に対する姿勢や考え方などが主題となるそうです。しかし私は、保育については自らの思いや園のルールなど最低限のところしか話しません。時間にすれば10分もかからない内容です。なぜかというと、国家資格の保有者である保育士に、保育について改めて確認する必要性をあまり感じないからです。また保育士の側も、面接ということで当然、優等生的な答えを用意しているもので、それではその人の本質は分かりません。

では、どんな内容を聞いていくのかといえば、趣味や特技、好きなこと、週末の楽しみ方といった話題がメインとなります。一見すると保育とはなんの関係もない部分ですが、実はこうした話のなかにこそ、その人の人生との向き合い方や考え方といった本質が現れます。

そしてまた、保育以外になにかしらのやりたいことがあるかどうか、うちの保育園に入ってどうなりたいか、という点もチェックポイントです。やりたいことがあって人生を楽しんでいる人は、仕事でも輝いているもので、そうした姿を子どもたちに見せてくれる人を積極的に採用したいという思いがあります。

こうした面接のスタイルは昔から変わっていません。しかし多くの保育士が面食らってしまうようです。私が理事長になって2年目、当時30代の保育士と面接をしたときには、主にキャンプの話で盛り上がりました。その保育士は私からいっこうに保育の話が出てこないため、自分には興味がないのだろうと採用されるのを諦めていたといいます。しかし私は翌日に電話を入れ、一緒に働こうと誘いました。この保育士は、今の私の右腕となってくれている人材です。

男性職員を積極的に採用

過去の常識に縛られない採用という点でいうと、男性職員の採用を積極的に進めていることも私のポリシーです。これまで保育業界では、人材不足にも関わらず男性職員の採用を敬遠するところが多くありました。大きな理由は、まず女性の圧倒的な多さにあります。

厚生労働省の「保育士の現状と主な取組（２０２１年）」によると、保育施設の職員の95・８％が女性で、全体の施設の54・８％が女性職員のみという状態です。

こうした女性社会に男性が入ることを不安視する園はよくあります。また、トイレや更衣室など男性が働くための設備がない、男性を採用したことがないためマニュアルが整っていないなど、さまざまな理由から採用を見合わせている園が多いです。そして保護者の側でも、わいせつ行為につながりかねないとの懸念から、おむつやミルクを男性にやってほしくないという人が、一定数存在します。

私が採用した男性職員に話を聞くと、保育士になるための実習を受けるのすら、男性は苦労するといいます。男性だからという理由で実習を断る園がまだ存在するのです。なんとか実習先を見つけて資格を取り、働こうとしても、採用どころか面接すらしてもらえないこともまだあるのです。

それではいくら有能な人材がいても、他業種に流れていくのは当然です。世間ではよく女性の社会進出について取り沙汰されていますが、保育業界では逆の構図となっており、男性のほうがなかなか受け入れられないのです。

しかし、男女のバランスがいいほうが今の時代にも合っており、健全な組織になるはずだというのが私の持論です。そして子どもたちにとっても、母性だけではなく父性も加わったほうが情操教育においてプラスとなるはずです。保育士なら、男性ならではのダイナミックで力強い遊び方ができますし、防犯の観点からいっても男性がいればより安心です。

アスリートのセカンドキャリア問題と向き合う

採用について最も大きな特徴の１つといえるのが、アスリートを積極採用しているところです。具体的には、プロボクサー、バレー選手、ビーチバレー選手が在籍し、保育士として働くかたわらスポーツにも力を注いでいます。

どうしてこのような採用方針をとっているかというと背景にはアスリートの「セカンドキャリア問題」があります。中学や高校でスポーツに熱中した経験がある人はたくさんいますが、さらにそこからプロの世界の扉をくぐれるのはほんの一握りです。そして念願かなってプロになっても、そのスポーツだけで食べていける人の数は多くありません。さらに引退後は、スポーツだけにすべてを捧げてきた人ほど、セカンドキャリアが描きづらくなります。解説者や指導者になれるのはごくごく一部だけで、ほとんどの選手はオールドルーキーとしてそこから社会と向き合うことになり、苦労を重ねがちです。

私はスポーツが大好きで、自分も水泳やサッカー、サーフィンをやりますから、以前からスポーツ選手のセカンドキャリア問題については知っていました。経営者として何かできることがないかを考え続けていたなかで、1本の連絡が入りました。電話の主はプロボクサーで、栄養士の資格をもっているといいます。ちょうどその時に栄養士を募集していたため、正社員希望で問い合わせをしてきたのでした。

私は、資格うんぬんよりもプロボクサーという肩書に大いに興味をそそられました。さっそく面接をして、そこで出会ったのが名古屋大橋ボクシングジム所属の現役プロボクサー、三輪珠輝《みわたまき》氏です。三輪氏はもともとフリーターをしながらボクシングをしていましたが、試合には出つつ安定した環境で働きたいとの思いから、大学時代に取得した資格を活かせる職場を探していたといいます。

プロボクサーもまた、セカンドキャリア問題を抱えています。世界の舞台で活躍し、ボクシングだけで生涯食べていけるお金を稼ぐ選手は稀有な存在で、ほとんどの選手は新たな就職先を見つけるのに苦労します。

栄養士という資格をもっている彼でも、一般的な保育園では雇ってもらえなかった可能性があります。なぜなら、保育業界では男性であるというだけで採用率が下がりますし、現役ボクサーと二足のわらじとなると、仕事に支障が出ると思われるからです。こうした人材を採用するよりも、女性の栄養士を選んだほうが安心だと考える採用担当者がほとんどではないかと思います。

しかし、私は、わくわくしました。新人王のタイトルまで取っているプロボクサーが園に来てくれ、子どもたちにその背中を見せてくれるというのは、他ではおそらくできない体験であり、すばらしいことだと思いました。

正社員として働いていければ、ボクシングを引退しても同じように安定した収入を得ることができ、新たな職場を探す必要もありません。こうして三輪氏を採用し、働いてもらうことになりました。

三輪氏は平日朝8時30分から出社し、16時30分まで勤務します。残業はほぼありません。勤務が終わってからボクシングの練習に入り、家に戻るのが21時くらいです。休日は基本的には自分の時間をとり、友人と過ごすなどしてリラックスしているといいます。

こうした生活になって、三輪氏のボクシングの実力はどうなったかといえば、フリーター時代よりもむしろ伸びているとジムの会長は評価しています。本人も、正社員になって精神的なゆとりが生まれたことがボクシングに好影響を及ぼしていると感じています。子どもたちのあこがれの存在となるべく、彼は今日も仕事の後にジムに通い、チャンピオンを目指しています。

プロボクサーと仕事を両立する三輪氏の事例は、私にとっても一つの成功体験となりました。その後、縁あってビーチバレーの現役日本代表選手だった清水啓輔さんを事務員に迎えることができました。彼も三輪氏と同じようにフルタイムで働きつつ、週末は試合に出場したり、後輩たちの育成にあたったりしています。

日本初、保育士のバレーボールチームを設立

こうしてアスリートを積極的に採用しているのですが、なかでも最もユニークな取り組みといえるのは、女子バレーチーム「ビオーレ・ナゴヤ」の設立です。保育と関連した資格をもつ女子バレーボールの選手たちを集め、チームを作ってしまおうというこの発想が生まれたのは、２０２１年６月でした。

目的としては人材の確保が一番で、三輪氏の例などからアスリートには注目していました。スポーツの夢と、保育士の夢を両方かなえられる環境を作れば、人をひきつけるだろうと考えたのです。

そこで、保育業界にどんなスポーツが合っているかを検討しました。女性が多い職場ですから、スポーツでも女性の競技人口が多い種目を選ぶ必要があります。また、私の園で働くには、基本的には保育士、栄養士、看護師のいずれかの資格が求められますから、教

育学部や保育学部の卒業生がターゲットとなります。

こうした条件をすべて満たしていたのがバレーボールでした。そして資格が取れる大学や専門学校で、バレーボールに力を入れている学校は全国に100校ほどあることが分かりました。学校がそれだけあれば、なかにはバレーと保育業界をてんびんにかけているような選手もきっといるのではないか――各学校で一人でも興味をもってくれる人がいれば全国で100人の候補者が毎年のように現れ、その6%がうちにくればチームとして活動できます。

バレーボールは広く知られているスポーツでありながら野球やサッカーのようなプロリーグが存在しません。個人でプロ契約を結んでいるようなごくわずかな選手を除き、バレーボールで食べていこうと考えたならまずは企業の実業団に所属し、日本のVリーグの試合に出るのが一般的です。しかし実業団に所属できる選手は少なく、高校や大学時代に全国区で活躍した選手であっても、バレー選手になる道を諦めて就職していく人がたくさんいます。

とりあえず動いてみないと気が済まないのが私の性分です。ちょうどその頃は、新卒を含めて内定が出始める時期だったので、試すなら早いほうがいいという思いもあり、その10日後にはSNSなどで専用ホームページを作って求人を出してみました。候補の学校にチラシを配り、いつでもトライアウトをやることを告知して回ったのです。

すると、思いがけず大きな反響がありました。全国レベルの大会で活躍した経験をもつ大学生や専門学校生に加え、元Vリーガーや、元実業団選手たちからも問い合わせがたくさんきました。そこでトライアウトを実施し、初年度で12人のバレー部員を採用し、2022年4月にチームを発足させました。日本で初となる、保育士を中心としたバレーボールチームの誕生です。

選手たちは全員が正職員で、三輪氏と同じようにフルタイムで仕事をし、そのかたわらバレーボールをしています。保育士としても現役ですから、たとえ選手を引退しても保育士のキャリアがしっかり残ります。引退後はそのままこの園で働いてもいいですし、園を移る際にも再就職が難しいようなことはないはずです。

もちろん、アスリートと保育士の二足のわらじを履くのは楽なことではありません。しかし実際にそうして頑張っている保育士がいるという、その姿を多くの人に見てほしいと思っています。

チームにスポンサーが付き、採用活動にも貢献

保育士によるバレーボールチームは結成半年で早くも実績を出し、愛知県のクラブカップで優勝して県代表となり、その後のクラブ選手権では3位に入りました。現在は、Vリーグへの進出を目標に、練習を積んでいます。すでにスポンサーがついていますが、実は私からスポンサー募集をかけたことは一度もありません。結成時にひととおりのアナウンスをしただけです。

それでもスポンサーが集まってくれたのは、現役保育士を中心としたチームというビオーレ・ナゴヤならではの特徴に価値を見出し、スポーツ選手のセカンドキャリア問題をなんとかしたいという理念に賛同してくれたことが大きかったのだと思います。

一般的には、スポーツチームなどは大企業がもつものであり、小さな組織ではとてもそ

んな余裕はないと考えられています。しかし実際に職員数が150人の零細法人でも、このようにスポーツチームをもつことができ、スポンサーまでついてもらえたのです。私のような素人であってもスポーツ選手の応援はできるのです。

私の場合は女子バレーでした。しかし、ほかのスポーツでも、オリンピック出場候補になるような実力者が生活のために夢を諦めざるを得ないというケースはたくさんあると思います。そうした選手に手を差し伸べ、サポートする企業が一つでも多く現れるよう願ってやみません。

もちろん、投資をする以上はそれに見合った効果を得るというのが経営者としての正しい在り方です。私の場合には、チームを作ったことにより人材不足の保育業界にあって自法人ならではの特徴を打ち出すことに成功し、採用へとつなげています。実際に問い合わせは全国から集まり、年間5人から10人は、必ず面接に来てくれるようになりました。もし人材紹介会社に依頼をしてこの人数を集めようとすれば、毎年1000万円前後の広告費がかかる可能性があります。それに比べると費用対効果はかなり高く、人材獲得という当初の目的を果たすことができています。

また、子どもたちに本物のアスリートと触れ合う機会を与えられるというのも大きなメリットです。普段は身近な保育士が試合で輝き、活躍する様子を見れば、子どもたちはきっとそこから、努力の大切さや夢をかなえるすばらしさを感じ取ってくれるはずです。

多種多様な人材を採用し、個性を活かす

アスリートたちのほかにも、さまざまな背景をもつ人材を集めてきました。

例えば昨年の春に保育士として入職した40代の男性は、元有名バンドのスタッフ兼サブギタリストです。彼は普段の保育の中に音楽を取り入れて子どもたちとうまく遊んでいます。日本と海外を演奏で回りつつ機材の準備や広報なども併せて担当していた経験から、入園案内を作ったり、バレーボール選手の紹介ムービーを作ったりするのもお手の物です。

元大工の職員は、保育業界で働こうとしたものの男性ということでなかなかいい働き口がなく、建築業界で数年働いていましたが、やはり本当にやりたいのは保育だということ

で業界に戻ってきました。工作が得意で、子どもたちと一緒に簡単なモノづくりをしているほか、棚や机など園の備品もすぐに製作してくれます。ちなみに彼は空手の全国大会優勝者で、休日は道場で空手を指導しています。

パソコンに詳しい男性職員は、ずっと公立の園で非常勤として働いていましたが、やはり正職員がいいということで転職してきました。絵心があり、パソコンを使ってオリジナルの絵を描くのが得意です。園でグッズを作る際などには、そのイラストを担当してもらっています。

２０２３年4月に入職予定なのが、私のＹｏｕＴｕｂｅチャンネルを見て興味をもってくれた30代男性の保育士です。それまでは名古屋市の公務員として水道局に勤め、水と微生物などバイオ関連の研究を行っていた水のスペシャリストです。公務員をしながら、自らの子育てをきっかけとして保育に興味を抱き、それが高じて資格をとったといいます。

保育業界で働きたいと調べていたところ、波乗り理事長の「遊ぶために働け」という理念を知り、すぐに連絡をくれました。それまでも4法人に面接に行ったとのことですが、保育経験がなく、家庭もちの男性ということで採用してもらえなかったのです。中途、未経験、そして男性というほかの園ではネガティブに見られがちな要素がそろっているわけですが、保育のスキルは現場で2～3年働けば自然についてきます。技術よりも、特徴的なバックボーンや保育への思いのほうが私にとっては重要です。

面接したところ、保育への並々ならぬ思いをひしひしと感じました。むしろこういう人材こそ、私の目指す保育にはふさわしいと感じました。彼にはぜひ、その知見を活かして子どもたちに環境教育をしてほしいと思っています。

こうして特徴的な背景をもつ人材を積極的に採用しているのは、ただ人手が欲しいからではありません。実はこれこそが、私のブランディング戦略の要となる方針なのです。

8割に嫌われても、2割がファンになればいい

多くの園では求人の際、なんとか自らの法人に来てもらうべく、保育内容を必死に打ち出していると感じます。なかには最新の保育理論を取り入れてカリキュラムに反映させる

ことで、真新しさを演出する園もあります。ただ、そうした保育内容にこだわったブランディングにはリスクがあります。流行が変われば時代遅れになってしまいますし、行政の方針次第では実施できなくなる可能性もゼロではありません。そうなった際、逆にこれまでのブランディングで認知度が上がったことが手かせ足かせとなり、イメージの刷新にかなり苦労するはずです。

私の園では、ほかとの差別化が難しい保育内容でのブランディングは止め、視点を変えて保育園で働く大人たちを軸としたブランディングに舵を切りました。こんなに面白い大人が集まっていますよ、本物のアスリートも、ミュージシャンも、大工も、研究者もいて、唯一無二の保育をやっていますよと打ち出し、独自性をアピールしているのです。遊ぶために働けという理念も、保育士ファーストな職場改革も、このブランディングと密接につながっています。

こうしてさまざまなプロフェッショナルが個性を活かしてのびのびと働いている職場は、人をひきつけます。人材に焦点を当てたブランディングの利点は、時代に左右されない普遍的な魅力を持続していけるということです。

また子どもたちにとっても好影響を与えます。保育とは、これをすればいいという正解がないからこそ、他業種での経験や人間としての幅といった各個の個性が重要であるというのが私の考えです。そうしてさまざまなバックボーンをもった人材がいることで、保育の幅が広がり、子どもたちの成長において大きなプラスとなっていくのです。

もちろん私のやり方には賛否があります。好き嫌いがはっきり分かれるほどのインパクトがあるからこそ「型破り保育」であるわけです。しかし、保育園の定員は決まっていることから、不特定多数の支持をとりつける必要はありません。コンビニエンスストアなら、できる限り商品の種類を増やして万人に受ける品ぞろえを目指さなければなりませんが、幼稚園や保育園は定員とそれに対応する人材さえ確保できれば経営は安定するのです。1000人のにわかファンをつくるよりも、100人のコアなファンに支えてもらうほうが重要であり、たとえ私のやり方を8割の人が快く思わずとも、2割が大好きになってくれたならそれでいいのです。

そしてほかの園と五十歩百歩の施策をやっても、コアなファンはつきません。業界のこれまでの常識では考えられないような施策を次々と展開していき、個性を前面に打ち出すということが求められます。８割が賛同する無個性な手法を展開するより、２割に強烈に響く破天荒な一手を打つというのが、保育業界で生き残るための私なりの秘策です。

１０００万円稼ぐ保育士を作りたい

私がやった施策のなかでも、特にはっきりと賛否両論が巻き起こったのが「１０００万保育士構想」でした。その名のとおり年収１０００万円を稼ぎ出す保育士を作ろうという試みです。

そもそも、保育園の収入の上限は行政により定められているのに、いったいどのようにしてそこまで職員の収入を上げるのか、誰もが疑問に思う話ではあります。行政の認可のもとで運営されている保育園は、主に政府から支給される公定価格からそこで働く人の給与を定めています。行政が定めた単価をベースに、経験年数によってインセンティブを付けていくというのが現状の制度で、年功序列が基本となります。近年は保育士不足の解消に向け、全国的に賃金は上昇傾向にあり、２０１７年と２０２０年を比較すれば全国平均で８万円ほど年収が上がっていますが、それでも役職なしの保育士なら４００万円を切る額面となっており、現場の給料が１０００万円に乗るなど夢のまた夢です。

経営者としても国の決めたベースを無視するわけにもいかず、この点はどうすることもできません。ではどうやって１０００万円保育士を作るのかといえば、副業しかありません。自らの個性や才能をもとに、インセンティブを自分で取りにいくことでしか実現できないのです。

自己犠牲の精神が尊ばれ、子ども神話がいまだに根強い保育業界では、お金儲けはとにかくタブー視されてきました。副業などもってのほかだと考える人もいまだに多くいます。しかし保育業界で働いている人は、聖人君子ではなく普通の人間です。自分たちの生活があり、夢があり、豊かな生活を求める権利があります。なにより伝えたいのは、保育士が副業をすることと、子どもたちにとっていい環境をつくることは、まったく矛盾せずに行えるという点です。ただ、それを実施するには、経営視点で物事を判断し、副業を収入に結びつけていくというビジネス感覚が求められます。

私が現在思い描いているのは、まず豊かな個性をもった保育士たちが、それを活かす形で副業をするためのアイデアを描くことです。例えばプロボクサーである三輪氏がボクシングを引退した後、園児の保護者向けにボクササイズ教室を保育園で開いてもいいでしょう。バンドマンなら音楽教室ができますし、研究者ならサイエンス教室ができます。私は実際、過去に園児たちに向けたサッカースクールを平日の夕方に開催し、その月謝で年間100万円の収入を得ていたこともあります。

また、絵や工作が得意なら、園児たちのオリジナルグッズを作って販売してもいいと思います。現場を熟知する現役の保育士が作るグッズは、市販品とはひと味違うはずで、もしかすると全国の幼稚園や保育園に向けても販売できる可能性があります。

そうして自らの個性や得意なことを副業にして周囲から評価されれば、好きなことをして生きていくというステージに一歩近づけます。生活にも余裕が生まれ、その影響は必ず保育にも表れます。日々、自信とゆとりをもって園児たちと触れ合えるようになるという好循環が生まれます。

もちろん、そう簡単に年収1000万円保育士ができるわけではありません。しかし、少なくとも特技を活かした副業がマイナスになることは一つもないというのが私の考えです。そしてその実現のために、私は協力を惜しみません。

一方で、園としても保育士たちが副収入を得られる場を構想しています。例えば希望者を募って参加費を集め、キャンプに出かけるという恒例のイベントを行っていますが、それをサポートしてくれる保育士には日当を支払っており、すべてに参加すれば年間で20万円ほどの収入となる計算です。

もし年収1000万円保育士が誕生すれば、それは保育業界で働く人々や保育を志す若者たちの一つの希望の光となると思います。給料が安く労働条件が悪いという世間のイメージを少しでも覆していくことが重要なのです。

第 5 章

どんな荒波も乗りこなし、閉鎖的な保育業界に風穴を開ける

保育園がつぶれる時代がくる

今後は幼稚園や保育園が続々とつぶれる時代がやってくるというのは、さまざまな統計やデータが示しています。もともと日本は、世界でトップクラスに速いスピードで少子化が進んでいる国です。2008年をピークに人口は減り続け、子どもたちの数もまた減ってきています。それにもかかわらず、2010年代には主に首都圏で待機児童問題が取り沙汰されました。なぜそうした事態になったのかというと、女性の就業率がどんどん上昇し、少子化を上回るペースで保育園の利用者が増え続けていたという実態があります。

一般企業に対し、政府は段階的に保育への参入条件を緩和し、2015年には待機児童対策として「子ども・子育て支援制度」をスタートさせました。これにより小規模保育事業所（0～2歳児を対象とした、定員6～19人の比較的小さな施設）が新たに国から認可されました。また、幼稚園と保育園の機能を併せ持ち、教育・保育を一体的に行う施設であった認定こども園においても、それぞれの法体系において二重に認可が必要という複雑さを解消し、新たに「幼保連携型認定こども園」として認可が一本化され、より設立しやすくなりました。

さらに2016年からは、自治体の認可を受けずとも設置できる企業主導型保育事業も登場し、スタート時の255カ所から、2020年には3700カ所にまで増えています。

こうした行政の後押しによって待機児童問題は徐々に解消されました。2021年の待機児童数は全国で2944人で、その数が最大となった2017年（2万6081人）の10分の1近くまで減り、都心のごく一部以外は、全国的にほぼいなくなったといえます。

小規模保育事業所や企業主導型保育事業の増加というのは、裏を返せば一般企業による市場シェアの獲得で公立の幼稚園や保育園に入る児童の数が減ってきたということです。

そうして保育業界に戦国時代が到来しつつあった矢先に、コロナ禍という未曽有の事態が世界を襲います。ただでさえ子どもたちの数は減り続けてきたところに、未知のウィルスを前にして結婚や出産を控える人が続出し、緊急事態宣言のもとで出会いの機会すら失われ、子どもの出生数は急激に低下しました。

コロナ禍の影響がまだ出ていない２０２０年の出生数は84万８３２人でしたが、２０２１年になると81万１６２２人となり、さらに２０２２年には70万人台まで落ち込むという予想がほぼ確実となっています。出生数71万人という数字は、人口問題研究所が推計する２０４４年頃の数字であり、子どもたちの数がコロナ禍により前倒しで減ったともいえます。

今後、コロナ禍が収束していけば出生数はやや回復すると考えられますが、少なくとも今後２年間は、０歳児、１歳児、２歳児の数が極端に減るのは統計学上では間違いのない事実です。

そして待機児童が減少する一方で、少子化の加速やコロナ禍の預け控えによって保育園の利用者は大幅に減り、２０２２年春の段階では、全国の施設の定員数が約３０４万人であるのに対し、利用児童が約２７３万人となり、その差が31万人あまりとなっています。地方を中心に、幼稚園や保育園で定員割れを起こすところが目立ち始めており、今後はさらに増えていくと見込まれます。認可事業であっても定員を大きく割れば当然経営は成り立たなくなり、場合によっては廃園にまで追い込まれる可能性もあります。幼稚園や保育園の廃園や統廃合は、あと2年以内に一気に加速すると私はみています。

認可事業だからつぶれることはないだろうと高をくくり、経営努力を何もしないような社会福祉法人が運営する保育園は、この先かなり厳しい状況になっていきます。

政府の経済対策から始まった、子ども・子育て支援

なぜこうした時代になったのか、その背景を探るべく過去を振り返ってみると、２０１０年代で保育制度や業界の在り方が、大きく変化してしまったことにあります。待機児童の解消が政策的に進められて「子ども・子育て支援制度」の設立や教育・保育無償化といった新たな政策が実施されてきました。

ただこれらの政策は、必ずしも子どもやその保護者のために実施されたわけではありません。子ども・子育て支援制度については、保育業界の改革というよりも経済対策の一環として生まれたのです。どういうことかというと、２００９年の民主党政権時、リーマン

ショックで深刻化する不況に歯止めをかけるべく、さまざまな領域で規制緩和が打ち出されたことが始まりでした。不況下にあっても、保護者は子育てに一定のお金をかけ、学習塾やスイミングスクールといった習い事にも投資すると分かったのです。習い事の領域はすでに企業によって市場が占められていましたが、公的な施設である幼稚園や保育園、学童施設などでは、収入の上限が定められたうえで税金により運営されていますから、保護者がいくらお金をかけたくても投資ができず、経済は回りません。

そこで当時の政権は、幼稚園や保育園をサービス業化し、収益を上げやすくすることで事業者の参入を促して、新たな雇用の受け皿や景気対策の一環にしようと考えたのです。これが「子ども・子育て支援制度」として世に出たわけです。

なお待機児童の解消についても、純粋に子どもや親たちのためとは言い切れない目的があります。国の労働力を推し量る一つの指標として「15歳以上65歳未満の生産年齢人口がどれくらいいるか」というものがありますが、２０１０年には８１７３万人ほどだった日本の生産年齢人口は２０２０年には７４６６万人ほどに減少し、２０４０年には５９７８万人まで大きく減るとされています。この急激な減少もまた保育士不足に拍車をかけている要因の一つであり、保育士だけではなくさまざまな職種で人手不足が起きています。
２００８年のリーマンショックによって有効求人倍率は０・45倍まで下がりましたが、不況から回復するとともに上昇し、２０１４年に１・０倍を超え、コロナ禍にあった２０２２年10月でも１・35倍となっています。この上昇は人口構造的な理由によるものであり、不景気などで一時的に下がるにせよ、このまま何もしなければ中長期でどんどん上がっていくことになります。

政府もそれは理解していますが、生産年齢人口をいきなり増やすことは当然、できません。まずは出生数を伸ばし、それが目標値までいってからさらに15年後以降に、ようやく生産年齢人口が増えることになります。

では、目の前の人手不足に対応するにはどうすればいいかということで、政府が打ち出したのが高齢者や女性の就業で、特に女性の就業率をなんとかして上げたいと考えました。男性の場合、30歳から59歳までの就業率は２０１７年の時点ですでに90％を超えており、これ以上伸ばすのは難しいところです。しかし２０１７年の女性の就業率は30代で70％まで下がります。この数字は、子育てのために仕事から離れる女性が一定数存在している実情を表しています。政府は70％という数字に着目し、そこに秘められた労働力を確保しようという方針を立てました。そして子育て中の女性が働くためには、その受け皿として保育施設が不可欠だったのです。

待機児童問題の解消に積極的だったその裏には、女性の就業率を上げ、それを経済成長へとつなげようという狙いがあったことは間違いありません。

子育て安心プランの裏で増え続ける、認定こども園

2018年からは、待機児童問題の解消と女性の就業率8割を目指す「子育て安心プラン」が3カ年計画で進められました。なおこの時点では、待機児童の70％が1～2歳児だったことから、その受け入れ先の確保に対し多くの予算が組まれました。

具体的な内容としては、待機児童の解消に必要と考えられる約32万人分の受け皿を用意し、働き盛りである25歳～44歳の女性が子育てを理由に仕事を辞めてしまうようなケース

を減らすというのを目的の一つとしました。

ただ、新型コロナウイルスの影響もあり、子どもを園に預けることを控える傾向にあったことや、園の整備の取りやめなどがあったことなどから市区町村分で約21万人分、企業主導型保育事業で約4・9万人分の合計約25・9万人の受け皿拡大にとどまり、予定していた32万人には到達しませんでした。

そこで2021年から、4年計画で「新子育て安心プラン」が始まりました。この新プランでは、2025年の女性の就業率を82％まで上昇させ、それに対応できる保育の受け皿として約14万人分を確保することを目指しています。

これらの政策に加え、女性の就業率を上げるための目玉政策として据えられたのが、保育料の無償化でした。2019年10月から、3歳以上の子どもについては一部の高額な施設を除き幼稚園、保育園、認定こども園のどこを使っても原則すべて無料、2歳までは非課税世代のみ無料となりました。

与党である自民党はそれまで、未就学児童の子どもは母親が家庭で育てるべきという方針だったと思います。しかしふたを開けてみれば、保育の領域もすべて無料ということになってしまい、党としての方針を変えてでも女性の就業率を上げる方向を取らざるを得なくなったのです。その背景には岸田文雄内閣総理大臣が成長戦略の目玉の一つとして女性の労働参加を掲げていたという事情もあったのだと思います。

いずれにせよ保育料の無償化は、子育て世代の女性が家にこもらず社会へと出るうえでの誘因となった側面が強くあります。なお、25歳から44歳の女性の就業率は2021年の段階で78・6％となり着実に増えていますから、子育て安心プランと保育料の無償化という政策は一定の成果を上げているといえます。

このように、待機児童解消は常に女性の就業率とリンクして考えられてきました。しかしその一方で、子どもたちにとって適切な環境を用意するという本質が薄まっていると私は感じています。例えば「新子育て安心プラン」では、小規模保育事業について定員19人以下だったところから、幼稚園と併設する場合22人まで受け入れ可能となりましたが、それで質の高い保育が実践できるのか疑問です。

また、すでに待機児童解消が成し遂げられようとしているのはいいのですが、今後は子どもたちの数がどんどん減っていきます。

そうなったときに、政府が増やし続けてきた受け皿は、今度は一転してあまることになりかねません。もちろん政府もそれは認識していて、子どもの減少に合わせて受け皿を減らす方向へとすでに舵を切っています。そのターゲットとなっているのが公立の幼稚園や保育園であり、その兆しは認定こども園の増加という形にも表れています。

認定こども園はこれまで徐々にその数を伸ばし、「子ども・子育て支援制度」がスタートした2015年から2020年までの間で、2836カ所から8016カ所に急増しています。その一方で公立の幼稚園や保育園の数は減りつつあります。園児が保育園、幼稚園、認定こども園のどの施設に在籍しているかの割合を見ると、2015年の時点では保育園が54・2％、幼稚園が35・2％でしたが、2020年には保育園が47・6％、幼稚園は約25％となり、認定こども園の割合が高まっています。このまま推移すれば、2025年には保育園と認定こども園の割合が約40％で同等になると予想されています。

これはすなわち、幼稚園や保育園がどんどん認定こども園化していっているということですが、そうして変化するパターンは主に次の3つです。

①公立の幼稚園や保育園がそのまま認定こども園へと移行する
②複数の公立幼稚園や保育園が統合されて一つの認定こども園になる
③認定こども園化をきっかけに公立の幼稚園や保育園が民営化される

子どもの数が減り、働く女性の数が増えれば幼稚園の利用者は減少しますから、経営を安定化させるためにも①の形をとって認定こども園へと転身する園が出てくる流れは自然で、今後も続くと予想されます。

公立の施設が特に恐れるべきは②と③で、これまでのような法人運営ができなくなるばかりか、最悪の場合には法人の解散にもつながる由々しき事態につながります。ちなみになぜこうして公立の施設がターゲットになっているかといえば、保育のサービス業化を進めようという思惑や、一般企業よりも国がコントロールしやすいことが理由として挙げられます。

このような背景もあって、中長期的にみても保育業界の戦国時代は続いていきます。

そんななかで、いかに保育の質を確保しつつ生き残りを図っていくかという難題が今、保育業界に突きつけられているのです。

財源の見えぬ保育改革、はたして実現するか

２０１０年代の大きな変化として忘れてはならないのは、政府が子育て支援関連の政策の財源を消費税に求める方針をとったことです。

施設や事業が増えれば当然ながら財政負担は膨らみます。それを補うべく、２０１４年４月１日より消費税が５％から８％へと引き上げられ、その一部を使って２０１５年４月から「子ども・子育て支援制度」がスタートしたわけですが、見方によっては、子育て支援を増税の大義名分に掲げ、国民の理解を得ようとしたとも考えられます。

その後、自民党政権下でさらなる増税が決定し、２０１９年10月から消費税は10％に上がりましたが、その過程でも「少子化対策に使用する」と喧伝《けんでん》されました。

ちなみに今後は、防衛費の拡充などによる増税が実施される見込みですが、子育て支援

関連の予算についてはなんの具体案もないまま、内閣総理大臣の「来年の夏までには倍増する」といった景気のいい言葉ばかりが空回りしている状態です。

もし本当に倍増するなら、5兆円規模の上積みが必要という試算があります。しかしその財源のあては、今のところ見当たりません。現実として、それほどのお金を確保するには消費税の増税しかないでしょう。

今すぐ消費税増税を訴えはしないにせよ、中長期でみれば、いずれ過去の成功体験に基づき、子ども支援を盾にした消費税増税に着手する可能性があると私はみています。

なぜこれほどまでに政府が消費税を上げたがるのかというと、税率が1%上がれば2兆円を超える税収が、景気動向に左右されることなく安定的に得られるからです。

もちろん、人口が急速に減り続ける日本において少子化対策や雇用対策は早急に取り組むべき課題であり、財源も必要になるでしょうが、それを政治的パフォーマンスに利用されることのないよう国民には冷静な判断が求められます。

私たちの血税からいくらの予算が子育て支援や雇用対策に回り、それによってどのような具体的成果が想定されるのかをしっかりと確認し、費用対効果を見据えたうえで検討するのが大切です。

また、子育て支援関連の政策の財源を消費税に求めるというやり方自体が保育改革を足止めしているという側面があることも、経営者だけでなく、利用者側も知っておく必要があります。

少子化への対応や保育士の処遇改善といった改革を行政主導で行うには、当然ながら新たな財源が求められますが、それを消費税に限定するというのはすなわち、消費税を上げなければ改革ができないということにほかなりません。

コロナ禍で疲弊し、さらに所得税などの増税が行われようとしている今、ただちに消費税を上げようとしても国民の理解は得られません。したがって、現在は新たな保育改革はできないというロジックが成立してしまいます。

子育て支援関連の政策の財源を消費税に限定せず、法人税や所得税を含むあらゆる財源から検討しなければ、本質的な支援策の現実化は困難です。

民間や企業の参入で、人材獲得競争に拍車

２０１０年代の国の保育制度改革によって、保育の現場では何が起きてきたかというと、まずは市町村との関係が複雑化しました。

それまでは児童福祉法により、市町村には保育実施責任が課せられていました。そのため市町村は公立保育所を整理し、それでも足りないなら私立保育所に委託をして地域の保育の責任を担ってきました。

しかし経済対策として保育をサービス業へと変化させようという流れのなかでは、行政の関与は自由競争を阻害するマイナス要因となります。できるだけ民間が自由に参入できるようにするため、政府は市町村の責任の範囲を狭め、実施者という立場から、制度運用者へと変えようとしました。しかしそれに対し、自らの既得権益を脅かされる可能性が高いこともあってか、保育関係者からかなり強い反対があり、政府は法改正を断念せざるを

得ませんでした。そして「子ども・子育て支援制度」において、市町村の保育実施責任を維持し、従来と同様に児童福祉法第24条第1項と据え置かれました。

しかしその一方で、新たに認定こども園や地域型保育事業を対象とする第24条第2項が加わりました。そこでは市町村の役割が「保育をする」から「必要な保育を確保するための措置を講じる」といった文言に変わり、保育の実施責任があいまいになっています。

日本らしいといえばそれまでですが、この玉虫色の決定が現在の政策に混乱をきたしています。

保育のサービス業化を進めるには、公立の保育所をどんどん民間へと開放する必要があるため、政府は「子ども・子育て支援制度」の施行とともに公立施設を民間へと切り替えていくつもりでした。しかし実際のところ、公立施設の数はそこまで一気に減ったわけではなく、新法施行前と比べても、その減少スピードは変わりません。その最大の理由は、第24条第1項がいまだ残ったからです。市町村には変わらず保育の実施義務があるわけですから、公立保育所を簡単になくすことはできず、存続させざるを得ないからです。

こうして新制度施行後も公立保育所はある程度残りつつ、民間や企業を主体とする地域型保育事業は増え、首都圏を中心にその数を伸ばしました。

結果として2010年には全国で約2万3000カ所であった保育所等の施設は、2020年までの10年間で3万7000カ所を超えました。特に東京、埼玉、千葉、神奈川の首都圏では、約4400カ所だったところから1万1000カ所近くまで急増しました。

なお新制度施行後には、認可外施設がそのまま認可されるような設計になったところ、認定こども園が4種、小規模保育事業が3種に分かれるなど、事業が複雑化してきています。

このような流れから民間や企業を主体とする地域型保育事業が急増したことで、以前からある認可保育園も園児や人材獲得競争に巻き込まれていき、現在に至っています。

規制緩和により無資格者が増えた保育現場

施設が増えれば、当然ながらそこで働く人材もまた確保しなければならなくなります。本来であれば、ここで保育士の待遇を改善することで、なり手を確保するべきでしたが、国は保育資格がなくとも保育ができるような規制緩和を行うという場当たり的な対策に終始してきました。国の認可事業である地域型保育事業において、無資格者でも仕事ができるようになったというのは大きな変更点です。また、２０１６年より始まった企業主導型の保育事業でも、無資格者が保育に従事できるようになりました。さらには待機児童対策として２０２１年度からスタートした「新子育て安心プラン」でも、保育資格のない人を保育士の補助者として雇うことが可能となりました。

しかし現場からすると、日々の業務のうちどこまでが保育で、どこまでが補助かといった線引きをするのは難しく、結局は有資格者と無資格者が混在した状況になりつつあります。必然的に保育の質は低下していきます。

また、無資格者は正職員よりもパートとして勤務するケースが圧倒的に多くなっています。園としても低コストで人手を確保できるため、積極的に採用しているところもあります。ただパートの割合が増えればその分数少ない保育士の正職員に負担が集中し、それが離職につながるという悪循環も生まれかねません。

保育士不足は確かに長年の課題です。しかし、その本質的な理由である待遇の改善や労働環境の改善には目を向けず、無資格者の参入を促すような対症療法で乗り切ろうとするのは無理があります。そして幼稚園や保育園の経営者が、国の施策に盲目的に従うばかりでは、やはり人材不足は解消できません。政策や補助金頼みの運営を止め、自らの力で保育士の待遇や労働環境の改善をしていくのが、今のところ唯一の処方箋であると私は考えています。

保護者からも保育士からも選ばれる園を、自力で作る

コロナ禍という予想外の事態は別として、私は拡大戦略をとっていた2010年代から、いずれは少子化が進んで幼稚園や保育園の運営が厳しくなる時代がやってくると考え、危機感をもってさまざまな施策を打ってきました。

周囲が待機児童問題解消のための国の支援に乗って拡大を模索するなか、ブランディングに舵を切り、他の園との差別化に注力してきました。そしてコロナがはやり始めた時点で、数年後には保育園がつぶれる時代が来るに違いなく、なにもしなくとも園児が来る時代はとうに終わったのだと職員に告げ、意識改革を促しました。そしてブランディングに力を入れ、唯一無二の法人、保育士からも保護者からも選ばれる法人を目指して歩んできたのです。

保育業界は、そうして独自の色を打ち出したり、先手を打って新たな時代に備えたりといった変化を得意としていません。例えば運動会というイベント一つとっても、いまだに20年前と同じ種目を、同様のやり方で続けているところはいくつもあります。

もちろん、時代がどう変わっても守るべき普遍的な要素というものは存在します。子どもたちを大切に思う気持ちや愛情といった部分は、保育に携わる人間は常に抱き続けるべきものであり、どんな未来がこようが変える必要はありません。しかしその一方で、時代に合わせて変化すべきこともまた存在します。家族の在り方がどんどん変化し、さらにはアフターコロナという新たな価値観が生まれつつあるなかで、保育業界だけが20年前にとどまろうとしても、それは無理な話です。

この先も子どもたちの数は減り続け、保育業界は斜陽化していくことになります。現実と向き合い、そのなかでどう生き残っていくかを考えなければいけない段階に入っているのですが、そうした危機感や改革意識をもった経営者の数があまりに少ないように思えてなりません。これはある意味で仕方のないことです。

認可事業という既得権益にどっぷりと浸かり、新陳代謝の起きにくい家族経営という環境で、閉じた経営を行ってきた園では、そもそも新たな物事にチャレンジする必要性がありませんでした。リスクを取ってなにかを始めるよりも、今までに築いたものを踏襲しつつ守るほうに重きがおかれてきました。結果として、コロナ禍が起こした時代の急激な変化についていけず、定員割れが続いているような園がいくつも出てきているのです。

保育の世界だけで生きていると、一般企業では当たり前であるような、広報戦略、マーケティング、マネジメントといった経営戦略すら学ぶ機会はありません。しかも日本の保育界では、利益を上げることがタブー視され、お金を儲けるのは悪という風潮が根強く残っています。それが業界の進化を5年、10年遅らせている最大の原因となっているのです。

これからは補助金頼み、既得権益頼みはもう通用しないと考えるべきです。自らアクションを起こし、利益を上げる仕組みを考えて、保育士からも保護者からも選ばれるような園を作っていく必要があります。

保育園の主役は、園児ではない

私が将来の生き残りをかけて取り組み、ずっとやり続けてきたのが、ほかの園との差別化です。まず、保育業界で職員に対して「遊ぶために働け」という企業理念を掲げているようなグループは、私が知る限り一つもありません。

そもそも保育の世界では子ども神話が流布し、子どものためという大義名分のもとで自分を犠牲にするのは保育に携わる者として当然という風潮がありました。保育は子どものためのであるというのは、もちろん間違ってはいません。園児を大切にする、正しく導く、成長を見守るといったことは、保育士として当たり前のことです。

問題なのは、保育士不足の渦中にあってそんな子ども神話に追い詰められ、心の余裕がなくなり、苦しみながら働いているような保育士がいることです。さらには閉鎖的な園で派閥争いに巻き込まれ、上司や同僚の顔色ばかりうかがい、いつしかなぜ自分がこの仕事をしたかったのか分からなくなってしまうような人を、私は何人も見てきました。

保育士も人間であり、子どもたちを大切にする一方で、自分たちの生活も、人生でかなえたいこともあるはずです。それにふたをして、ただひたすら園児に尽くすような毎日を送ることが正しいとは私には思えません。

保育現場で働く人々にも人生を楽しむ権利があります。また、まずは大人が輝かなければ、いい保育などできません。そして、保育士は自分が遊ぶため、成長するために働けばいいのです。私のそんな思いから出てきた方針が保育士ファーストであり、保育園の主役を園児ではなく保育士としたということこそが、私の保育改革で最も大きなポイントです。

保育園に通う子どもたちにとって、そこで働く大人たちは、長い時間をともに過ごす相手です。クラスの中でも担任以外に大人はいません。必然的にその大人の影響を色濃く受けることになります。

もし大人が毎日、暗い表情で働き、苦しそうに過ごしていたなら、そんな環境に通わざるを得ない子どもたちもまた不幸といえます。反対に、平日はのびのびと働き、休みの日には好きなことを追求して、人生を楽しんでいる大人を見たなら、子どもたちもきっと未来に希望を描けるでしょうし、早く大人になりたいと思うのです。

まずは大人が人生を楽しみ、輝いている姿を見せると、保育は自然にうまく回っていくというのが私の考え方です。たとえどれだけ保育の技術がある人でも、心ここにあらずの状態でつまらなそうに子どもたちと接していたなら、それはすぐに見抜かれてしまい、子どもたちは集まってきません。それより技術は未熟でも、常に明るく全力で子どもたちとの時間を楽しんでいるような保育士のほうへ、子どもたちは自然に流れていくものです。

まずはそこで働く大人たちが、わくわくして仕事ができるようにすることこそが、私が保育士ファーストに込めた思いです。そして、それがいずれは子どもたちに還元されると確信しています。そんな考え方から出てきた言葉が、企業理念の「遊ぶために働け」であり、そこに共感してくれる人材が集まってきてくれた背景なのです。

本物に触れることで感性を磨く

保育で私が大切にしているのが、子どもたちに本物に触れてもらうということです。これを徹底して行ってきたのも、差別化の一つの要因となっています。

まず正職員として働くスタッフに、プロボクサーやバレーボール選手など、本物のアスリートが多数、在籍しています。スポーツの世界では、大人が分かりやすく輝き、子どもはそれにあこがれます。アスリートたちが競技に打ち込み、努力し、成長していく過程を間近で見る経験は、間違いなく子どもたちの後の財産となると私は考えています。

イベントの際にも本物にこだわります。最も意識しているのは、自然の中に子どもたちを連れていき、そこで感受性や遊び心を学んでもらうことです。

週末には園児たちをサーフィンに連れていったり、海岸のごみを拾うといったビーチクリーンを行ったりしています。自然を楽しみ、敬い、そして守るというのはサーファーの基本であり、そうしたサーフィンの基本的な精神性をまず伝えたいという思いがあります。

また、希望者を募ってキャンプにもしょっちゅう出かけています。私がマイクロバスを運転して山へと入り、さまざまな体験をしてもらいます。例えば、メスティンと呼ばれる本格的な飯ごうを使って米を炊いてもらったり、火を起こしてブロック肉を焼いたりと、キャンプの基礎を教えるとともに、6月には蛍を見て、11月には紅葉狩り、そして2月には雪山でそりや雪合戦をするなど、四季に合わせた遊びをしていきます。その中で子どもたちは、自然の美しさや楽しさだけではなく、そこに秘められた怖さや人間の無力さについても感じるはずです。

保護者には、命を失うような危険はないけれど、自然相手に遊ぶのでけがをする可能性はあると伝えています。それが本物の自然に触れるということだからです。そうした自然相手の遊びを通じ、子どもたちだけではなくそこに参加する大人たちも、発想力が磨かれていきます。

保育士の仕事で、発想力はとても大切なものです。それがなければ、子どもをいかに動かすか、どう注意を引くかといった、技術論にばかり傾倒してしまいます。そうではなくて、その場その場で子どもたちを楽しませ心をつかむようなことを思いつく発想力のある保育士の周りには、子どもたちは自然と集まってきます。

園で提供している食事についてもとことんこだわり、食改革に取り組んできました。グループ全体で、栄養士や調理師など食に携わるスタッフは20人ほどいて、ポイントは元料理人を積極的に採用していることです。栄養士は、確かに栄養計算のプロであり献立作りには欠かせませんが、彼ら彼女らがプロ並みのおいしい料理を作れるかというと、やはり料理人にはかないません。栄養バランスが考慮されているのはもちろん、おいしくなければ本物の料理とはいえません。

食事で一番力を入れているのが、しっかりと出汁をとって本物の和食をつくるということです。効率を重視すれば顆粒出汁を使ってサッと調理するほうが簡単で、実際にそのような園はよくありますが、それでは私の求める食育にはなりません。朝、給食室から漂ってくる出汁のいい香りをかぐと、子どもたちの食欲が刺激されます。みそ汁を口に含めば、その香りが口いっぱいに広がり、すっと余韻が消えていくという天然出汁ならではの味わいこそ、和食を支えるものです。

現代では、パンや麺を給食として出す園がとても多くあります。パンや麺が悪いわけではないのですが、それよりももっと日本食の良さに注目すべきです。海外では10年以上前から、おいしく食べて健康を維持できるということで日本食がブームとなっているのに、当の日本人はその魅力を忘れてしまったようにパンや麺などの洋食中心の食生活を送っています。

０～１歳という、あらゆる身体機能が養われていく時期だからこそ、オーソドックスな和食を食べて、脳や舌を育んでいくというのがグループとしての方針です。献立は奇をてらわず、みそ汁、メイン、そしてお米といったオーソドックスなものですが、お米やみそなどにはこだわり、添加物を極力使わず、発育過程にある園児たちの身体に優しくておいしい料理を作っています。

経営的な観点でいうと、当然ながらそこにコストは発生します。保育園でプロの料理人を何人も雇うというのは、業界的にも聞いたことがありません。しかし食は、人間の体も心も支える最も大切な営みの一つです。そしてこれから発育していく子どもたちが相手だからこそ、食にはしっかりと投資をして、できる限り添加物の少ない、かつ日本が誇る本物の和食を提供していくというのが私の信念であり、そこに賛同してくれる保護者の方々が数人でもいれば、十分な費用対効果が得られていると考えています。

私は、給食という言葉が嫌いです。どこかチープで、味を楽しめない印象があるからです。家庭での食事を給食とはいわないように、私たちの園でも給食という単語を使わず、食事、ランチと表現しています。

園児たちと野菜を育て、実際に売るキッズマルシェ

現在、私が最も力を入れている保育改革が、年収1000万円の保育士の誕生をグループとして後押しすべく、新たに収入を得る仕組みを構築することです。グループの収入を上げてそれを正職員に分配し、保育士不足の大きな要因となっている、給与の低さを少しずつ改善していこうというものです。

具体的な取り組みとしては、まずはスポンサーの獲得です。例えばキャンプに行く際、

キャンプ道具のメーカーにスポンサーとして入ってもらい、道具一式をそのメーカーの製品でそろえる代わりに、いくばくかの寄付をしてもらいます。ちなみになぜ寄付なのかというと、公益法人なので利益という形ではお金をもらえないからです。また、寄付という形であれば相手企業はその分の税金を優遇されますし、社会的なイメージアップにもつながります。お金を直接動かさずとも、園にカタログを置いて保護者が割引価格で購入できるという代理店のような形や、あるいは製品を無償提供してもらうといったスポンサードでもかまいません。ファミリー層に対して自社の製品をアピールし、ファンになってもらい、一生使い続けてもらえるようなことがあれば、メリットは計り知れないはずで、スポンサーに名乗りを上げてくれる企業は必ずあると考えています。

もう一つ、私が長年温め続けて２０２２年の春からついに始動したのが農業です。名古屋近郊に１０００坪もの広大な畑を借り、８園の子どもたちと職員たち全員で管理していこうというプロジェクトになります。

授業の一環として農業に触れる教育農園の試みは世界中で行われており、保育業界でもさほど真新しいものではありませんが、よくあるのは種まきと最初の水やりだけは子どもたちが行い、あとは農家の方々が作物を育て、最後の収穫だけ再び子どもたちに任せるというようなやり方です。もちろんそれが悪いわけではないのですが、本物に触れることにこだわる私としては、より本格的な農業体験をさせてあげたいのです。

まずはなにを育てるのか、といったところから、子どもたちの意見も聞きながら決めていきます。そして春夏秋冬、きちんと畑に通い、できる限り専門家の力を借りずに全員で作物を育てます。かくいう私もすでに畑に出て、トラクターを運転して土壌を耕したりしています。

当然ながら、失敗をすることも考えられます。暑い日も寒い日も、農作業をさぼることはできませんから苦労もあるはずです。大切に育てていたはずの作物が枯れてしまえば、子どもたちはがっかりします。しかしそうした経験こそがまさに農業そのものであり、苦労を経て作物を収穫したときの喜びは、何物にも代えがたいものなのです。

現在、子ども向けに職業体験ができる娯楽施設が人気ですが、私たちの畑ではそんな仮想体験ではなく、キッズマルシェという形で育てた作物を本当に売ろうと思っています。たとえ100円でも200円でも、自分たちが汗水を流しながら育て、収穫した作物が人に買われていくというのはうれしいもので、そのお金で子どもたちとまた苗や肥料を買いに行くというところまでやって、私流の教育農園は完結します。

子どもたちはこの活動を通じて、お金の価値や、世の中にモノが流通する仕組みを学んでいきます。アフタースクールに通う小学生であれば、どうしたらもっと利益が出るか、より付加価値を高めるにはどうすればいいかといった議論もできるのです。これらはまさに生きる力を育む教育であるといえます。

このように、ほかの園にはない取り組みをどんどん広げていくことで、さらに独自性を高め、ファンになってくれる人を増やしていきたいというのが今の私の思いです。今後も閉鎖的な保育業界に風穴を開けるべく型破りなチャレンジを続け、新たな時代の波を乗りこなしてくつもりです。

おわりに

保育園の主役は、園児ではなく保育士である。

保育士は、遊ぶために働け。

そんな常識外れのメッセージを掲げながら「波乗り理事長」として型破りな保育園改革に着手してから、もう15年の歳月が経とうとしています。

保育のキャリアやスキルよりも、その人の個性や人生の楽しみ方に着目して募り続けてきた仲間の数は今や１５０人を超えました。それぞれが個性を活かし、かっこいい大人としてその背中を子どもたちに見せてくれていると感じます。

では、かくいう私は、果たして子どもたちの前で人生を楽しむ様子を見せられているのか、と時々考えることがあります。

私が今も昔も変わらずに熱中し、遊びの中心に据えているのがサーフィンであり、四季を問わず海に出て、波に乗ることがライフスタイルの一部となっています。朝日が波間に映え、黄金色に輝く海面をボードに乗って漂っているときの幸福感や、自然の圧倒的なパワーが凝縮された波に乗り、時に海に引きずり込まれる怖さを通じ、人間という存在の小ささを思い知らされるような体験というのは、サーフィンというスポーツでしか味わえないものであり、それを求めて私は今日も海へ出ます。

サーフィンは自然を相手にするため、時に命を失うような厳しいスポーツですが、その分本気で取り組んでいる人はみな真摯で謙虚です。また、サーファーの社会は典型的な体育会系の縦社会であり、礼儀作法もきちんとした人が多いです。私はサーフィンと、それを通じてできた人間関係の中で、社会人として必要なたくさんのことを学んだと感じています。

また、サーファーでありつつ僧侶でもあるというのが、私という人間を定義付けるうえでの大きな要素となっています。仏教とサーフィンには根底に流れる哲学の部分で共通している部分が多く、私の中では無理なく同居しているのですが、かなり変わった肩書だとよく言われます。

そしてサーフィンと保育との間にも、私は類似性を見出しています。サーフィンは千変万化の自然が相手であり、たとえ世界チャンピオンであっても、波がなければなにもできません。

一方で子どももまた、自然を体現する存在です。保育士の都合で動いてくれるようなことはまずありません。技術を磨いて子どもを思い通りに動かすのが保育のスキルであるという考え方もありますが、それはサーフィンで波を自分の思い通りに引き寄せようとするのと同じ試みであり、まずうまくいきません。

保育士もまた、子どもたちがいなければなにもできない存在です。サーフィンも保育も、結局は自然のなかに自ら飛び込んでいき、己のすべてをかけて挑み、それでも時には痛い目を見て学ぶということの繰り返しでしか成長できません。そして好きだからより深く知りたいという気持ちこそ、成長の原動力となります。

好きこそものの上手なれといいます。仕事も趣味も、結局はいかにそれを好きになり、わくわくしながら挑めるかどうかで、人生の楽しみの大きさが決まります。この点こそ、遊ぶために働け、という理念の核となる部分であり、毎日自分がわくわくできる環境をつくるというのが、人生を豊かにする秘訣です。

少なくとも私は、毎日が楽しくて仕方がありません。サーフィンも、僧侶の仕事も、そして理事長としての務めも、わくわくしながらチャレンジできています。そしてその姿を子どもたちに見せていくのも、私の大切な使命なのです。

毎日のなかでわくわくすることの量を増やして、遊ぶために働き、人生をより豊かに変えていくとともに、その姿を子どもたちに見せていくという私の信念が、もっと多くの人にも伝わっていけばうれしく思います。

私の保育改革はまだまだ止まりません。

あと10年は突っ走り、業界の非常識に積極的に取り組んでいきます。ようやく動き出した農業のプロジェクトに本腰を入れるとともに、保育専門の学校をつくるなど、新たな目標もたくさんあります。道筋がついたら、50代でセミリタイアをして、サーフィンと農業をしながら自然の中で暮らすというのが現在の私の夢です。

日本の経営者は高齢化が進んでおり、保育業界もその例にもれず多くの理事長の多くが60代以上ですが、私は自分が20代で園を継いだこともあり、30〜40代までの人にトップを譲りたいと考えています。それくらいの若さでなければ、10年後、20年後の夢や希望を、責任をもって語ることなどできないからです。

人生はたった一度しかありません。

この世に自分と同じ存在が二度と生まれることはありません。

だからこそ尊く、そして愛おしいものであるはずです。

そしてまた、自分だからこそできること、自分ならではの使命が必ず存在します。それに気づけると、とたんに迷いが消え、毎日が輝き、わくわくして過ごせるようになるのです。

まずは自分の個性は何か、人生でどんな人間になりたいのかを考え、自らが生きる使命を探してみるということが最初の一歩です。それはきっと、意外に身近なところにあるはずです。

著者左から4番目。伊良湖ロングビーチにて。

寿台順章（じゅだい　じゅんしょう）

1982年生まれ。名古屋西高等学校を卒業後、家業である寺の勉強をするために京都の大谷大学に進学するも大学2年の夏前にこのまま卒業して寺の資格を取ることに違和感を覚えた。その後退学し、今しかできないと思い立ち石垣島に移住。石垣島から名古屋に帰ってきてから寺と幼稚園教諭・保育士の資格を取得。その後、自営で事業をしていた社会福祉法人栄寿福祉会に24歳の時に入職、26歳の時に姉妹法人の学校法人正雲寺学園と社会福祉法人栄寿福祉会の理事長に就任。31歳の時にグループ内に株式会社 MarSol を立ち上げ代表取締役に就任。

本書についての
ご意見・ご感想はコチラ

波乗り理事長の保育園改革

2023年2月27日　第1刷発行

著　者　　寿台順章
発行人　　久保田貴幸

発行元　　株式会社 幻冬舎メディアコンサルティング
〒151-0051　東京都渋谷区千駄ヶ谷4-9-7
電話　03-5411-6440（編集）

発売元　　株式会社 幻冬舎
〒151-0051　東京都渋谷区千駄ヶ谷4-9-7
電話　03-5411-6222（営業）

印刷・製本　中央精版印刷株式会社
装　丁　　秋庭祐貴
装　画　　ササキシンヤ

検印廃止

Printed in Japan
ISBN 978-4-344-94166-3 C0037
幻冬舎メディアコンサルティングＨＰ
https://www.gentosha-mc.com/